LE SOMMEIL RETROUVÉ

Collection Santé Mode d'Emploi

Atout cœur, par le Docteur Chandra Patel

Les femmes et le Sida, par le Professeur Roger Henrion

Je vais craquer, par les Docteurs Henry Cuche et Alain Gérard

Bon appétit les enfants, par les Professeurs Susan Baker et Roberta R. Henry, avec le Boston children's hospital

Les rhumatismes au quotidien, par le Docteur Yves Chaouat

Comprendre et traiter les varices, par le Docteur Didier Reinharez

Une chirurgie pour les femmes, par les Docteurs Jacqueline Kahn-Nathan et Jean-Paul Hallez

Pour que l'enfant paraisse, par le Docteur Anne Cabau

Des maux pour le dire, par le Docteur Sylvain Mimoun

Génération « éprouvette », par les Docteurs Jacqueline Mandelbaum et Michelle Plachot

Bien dans sa peau, par le Docteur Martine Chivot

Guide à l'usage des séropositifs et de ceux qui les entourent, par le Docteur Denis Smadja

L'amour sans danger, par le Professeur Patrice Morel

Choisir sa contraception, par le Docteur Henri Rosenbaum

L'œil en questions, par le Docteur Yves Bokobza

Docteur Fabienne Laffont

LE SOMMEIL RETROUVÉ

Comprendre et traiter l'insomnie

Santé Mode d'Emploi

Flammarion

Flammarion

4, rue Casimir-Delavigne
75006 PARIS

ISBN : 2-08-201627-7

SOMMAIRE

Introduction

Pourquoi un nouveau livre sur le sommeil ? Il en existe un certain nombre mais, le plus souvent, ils sont écrits par et pour des médecins.

Monsieur Jourdain faisait de la prose sans le savoir, un bon dormeur s'endort dès qu'il touche son lit et se réveille le matin sans pour autant comprendre ou connaître ce qui s'est passé au cours de la nuit.

Comme responsable du laboratoire et de la consultation des troubles du sommeil du service de neurologie de l'hôpital de la Salpêtrière, le contact avec les patients m'a permis de constater l'importance et la diversité des troubles du sommeil et le besoin de comprendre les malades.

Tout en prenant le temps d'expliquer leur pathologie aux patients, j'ai malgré tout constaté que la question : « Où puis-je trouver des explications complémentaires ? » revenait souvent.

De la même façon, l'an passé, les infirmières de notre service ont manifesté le désir d'en savoir plus lors de diverses techniques d'exploration. À la suite de cette demande, nous avons rédigé un ouvrage qui s'est avéré fort utile et qui nous a confirmé l'importance de la parole écrite et imprimée. C'est pourquoi l'idée d'un livre destiné aux patients, terme pris au sens large et englobant toute personne qui se pose des questions sur le sommeil, s'est fait jour.

Ce livre est écrit en fonction de ma formation, scientifique au départ, j'éprouve le besoin d'explications physiologiques, c'est pourquoi une grande partie est consacrée à expliquer ce qu'est le sommeil, quels en sont les besoins, comment se déroulent ses différentes phases au cours de la nuit, à quoi il sert, etc.

Je remercie tous les patients qui, depuis une quinzaine d'années, m'ont permis d'acquérir l'expérience que je crois avoir en ce domaine.

Les différents types d'insomnies seront abordés, en les expliquant cependant il n'y a pas de recette miracle, chaque cas est un cas particulier et doit être examiné. L'insomnie n'est pas seulement un manque de sommeil avec la caricature du patient qui compte les moutons, cela peut également être un mauvais sommeil, avec des troubles particuliers qui se manifestent la nuit et seront responsables d'une vie diurne fatigante et pénible.

Ce livre n'est surtout pas destiné à remplacer une consultation chez le médecin. Toute automédication est néfaste et je « peste dans mon coin » quand, dans un wagon couchette, j'entends un voyageur dire : « As-tu pris ton Temesta® pour cette nuit ? » D'abord la médication n'est peut-être pas utile, et son choix a peut-être été arbitraire...

Le but de ce livre est d'expliquer, simplement mais de façon précise, les résultats des multiples recherches qui se sont développées sur le sommeil, de donner une idée de nos connaissances actuelles avant d'aborder les problèmes que soulève l'insomnie, leurs significations et les moyens qui peuvent être mis en œuvre pour y remédier.

Alors que pour une rage de dents, une douleur lombaire, personne n'hésite à appeler son médecin, je voudrais faire comprendre que l'insomnie est un symptôme très important et très sensible, qu'elle peut être révélatrice de nombreuses pathologies qui sont détaillées dans ce livre. Toute perturbation dans le rythme veille-sommeil, non justifiée par un comportement volontaire, doit être prise en compte et nécessite une visite soit chez le médecin, soit dans un centre spécialisé des troubles du sommeil où une consultation peut être obtenue sur un simple coup de téléphone.

Quelques questions à propos du sommeil

Nous passons un tiers de notre vie dans un état différent de la veille que l'on appelle sommeil.

La seule introspection avait permis à Lucrèce, il y a 2 000 ans, de distinguer un sommeil calme et un sommeil agité onirique. Ceci est à rapprocher également des deux états évoqués dans certaines mystiques hindous : le Prajna que l'on pourrait assimiler au sommeil sans rêve et le Taijasa que l'on pourrait comparer au rêve à l'intérieur du sommeil. Ces distinctions tombèrent ensuite dans l'oubli.

C'est à partir de 1935 qu'une approche scientifique du sommeil a pu être faite grâce à l'enregistrement de l'électro-encéphalogramme. Examinons comment se passe une nuit de sommeil enregistrée.

Comment se déroule l'enregistrement d'une nuit de sommeil au laboratoire ?

Cet enregistrement se fait dans un laboratoire équipé d'un matériel spécialisé qui permet de capter, d'amplifier et de reproduire différents signaux.

Il nécessite la pose d'un certain nombre de capteurs, c'est-à-dire de petites électrodes qui seront collées sur la peau :

— des électrodes collées sur le scalp permettent l'enregistrement de l'activité électrique du cerveau, qui constitue l'électro-encéphalogramme (EEG) ;

— des électrodes posées sur le menton permettent de suivre les variations de l'électromyogramme (EMG) qui reflète celles du tonus de la musculature générale ;

— des électrodes posées autour des yeux permettront de suivre les mouvements oculaires, électro-oculogramme (EOG) ; ces mouvements sont présents pendant la veille mais également pendant certaines phases de sommeil.

D'autres paramètres peuvent être enregistrés suivant les symptômes dont se plaint le patient. Mais les trois paramètres EEG, EOG et EMG sont suffisants pour suivre pendant la nuit les variations de vigilance chez un sujet sain.

Les électrodes sont reliées par des fils à un appareil appelé électro-encéphalographe, situé dans une pièce voisine de celle où se trouve le sujet. Pendant toute la nuit, l'activité électrique du cerveau et les autres paramètres seront transcrits sur un papier qui se déroule à une vitesse déterminée. Une nuit correspond à 500 mètres de papier ! Cette étape va rapidement devenir historique puisque, actuellement, nous commençons à utiliser des supports plus modernes, tels que le disque optique, qui permet de stocker les données sous une forme moins encombrante et surtout d'en faire une analyse automatique.

Quelle que soit la nature du support, l'étude des données enregistrées permet de distinguer, suivant la fréquence et l'amplitude des ondes cérébrales, l'importance de l'activité musculaire et la présence de mouvements oculaires, plusieurs états de vigilance ou de sommeil.

Un état de veille, avec une activité cérébrale postérieure à 8-12 Hz (cycles/seconde) que l'on appelle le rythme alpha ; l'activité musculaire est présente et plus ou moins importante ; des mouvements oculaires et des clignements peuvent s'observer.

Un état de sommeil lent au cours duquel la fréquence des ondes cérébrales enregistrées diminue et dont l'amplitude augmente avec la profondeur de ce sommeil. On distingue quatre phases qui sont les stades 1, 2, 3 et 4 de sommeil lent.

Les stades 1 et 2 constituent *le sommeil lent léger* :

— *le stade 1* est la transition entre l'éveil et le sommeil ; d'ailleurs la distinction subjective entre les deux états, n'est pas évidente, 50 % des personnes réveillées en stade 1 affirment qu'elles ne dormaient pas ;

— *le stade* 2 est très caractéristique ; les rythmes sont plus lents, il apparaît des figures particulières : fuseaux de rythmes rapides et grandes ondes lentes isolées que l'on appelle complexe K.

Les stades 3 et 4 constituent *le sommeil lent profond* : les rythmes cérébraux sont encore plus amples et plus lents, l'activité musculaire est très réduite et on n'observe plus de mouvements oculaires. La respiration est lente et régulière, le sommeil est profond et il est très difficile de réveiller le dormeur.

Il existe un autre type de sommeil, dit **sommeil paradoxal**, découvert vers 1950. Le tracé EEG change complètement, il devient assez semblable à celui observé dans le stade 1 ou l'éveil, mais le signal musculaire s'aplatit indiquant une totale disparition du tonus musculaire, le dormeur est comme paralysé et, de plus, on voit apparaître des mouvements oculaires très rapides, en saccades. C'est l'association d'une activité EEG proche de la veille et d'une disparition complète du tonus musculaire qui a valu à ce sommeil le nom de paradoxal. Les Anglo-Saxons l'appellent sommeil à mouvements oculaires rapides (REM).

Contrairement à une croyance répandue, ce sommeil paradoxal est un sommeil profond. En effet, il est difficile de réveiller le dormeur pendant ce stade, l'intensité des stimulations nécessaires pour provoquer le réveil est importante.

Pendant le sommeil paradoxal, on observe également une respiration très irrégulière, avec parfois des pauses respiratoires, un rythme cardiaque très irrégulier, une tension artérielle très variable : poussées hypertensives et chutes jusqu'à des valeurs très basses. C'est l'anarchie des fonctions vitales ; une seule solution : se réveiller et c'est ce qui se passe, souvent inconsciemment, chez le sujet sain.

Comment se déroule, au cours de la nuit, la succession des différentes phases de sommeil ?

Une nuit se divise en plusieurs cycles, quatre ou cinq environ, comprenant chacun du sommeil lent et du sommeil paradoxal. L'endormissement se fait en stade 1 puis le sommeil s'approfondit jusqu'au stade 4 et après un allégement du sommeil, survient une phase de sommeil paradoxal. Cette alternance — sommeil lent, sommeil paradoxal — se répète dans le courant de la nuit, le sommeil lent profond est important en début de nuit, alors que la fin de la nuit est plus riche en sommeil paradoxal.

Le sommeil est interrompu par des mouvements du corps et des éveils brefs surtout en fin de nuit. Ces éveils, le plus souvent, ne sont pas remémorés par le sujet le lendemain matin.

Chaque cycle de sommeil dure environ quatre-vingt-dix minutes et leur succession est schématisée par un hypnogramme (figure 1) qui donne ainsi un bon reflet du déroulement de la nuit.

Quels sont les mécanismes du sommeil ?

Depuis l'origine des temps, philosophes et médecins ont tenté d'expliquer les mécanismes du sommeil.

Pour Hippocrate, le sommeil était dû au transfert du sang et de la chaleur vers l'intérieur du corps. Pour Aristote, la nourriture absorbée était la cause immédiate du sommeil. Au cours des XVIIe et XVIIIe siècles, on a eu recours à un mélange de concepts

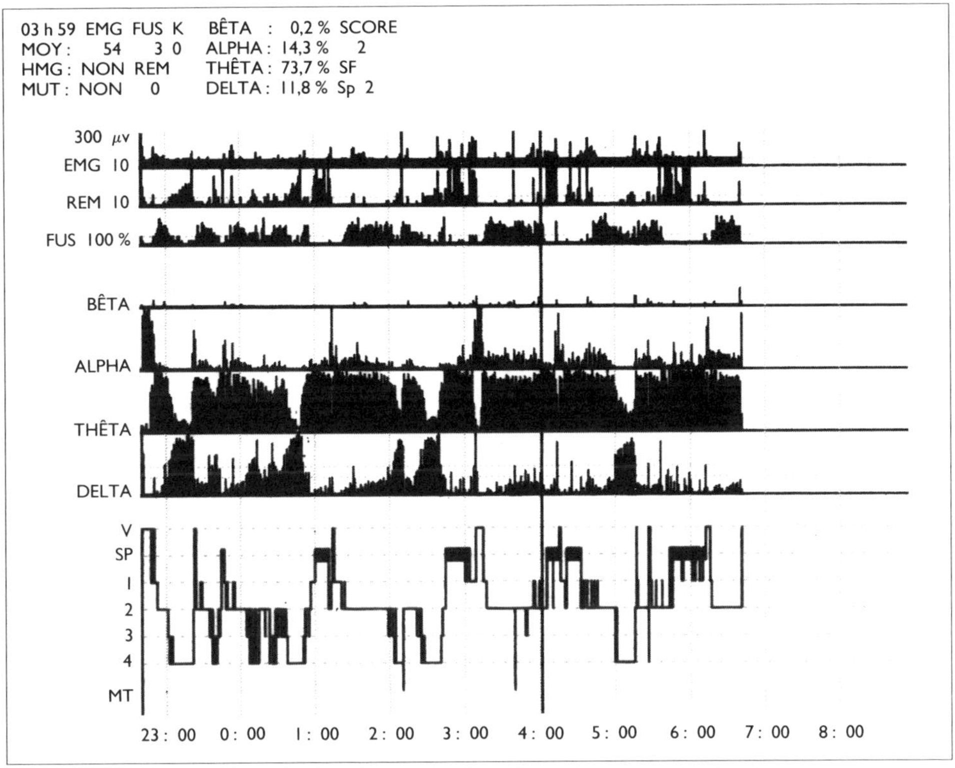

Figure 1 Hypnogramme d'un sujet normal.
Cet hypnogramme est fait automatiquement à partir de l'étude de l'électro-encéphalogramme (EEG), de l'électromyogramme (EMG) et des mouvements oculaires (REM). Les différentes fréquences de l'EEG bêta, alpha, thêta et delta sont analysées.

Le curseur est placé à 3 heures 59, le patient est en stade 2 avec un EMG de niveau moyen (graphique supérieur), une absence de mouvements oculaires (graphique REM) ; sur l'électro-encéphalogramme, on observe la prédominance des rythmes thêta. Les fuseaux de rythmes rapides sont également importants (graphique fus).

L'hypnogramme est réalisé au bas de la figure ; il indique en fonction du temps, de 22 heures à 8 heures, le stade de sommeil où se trouve le patient ; la veille (V) est le niveau supérieur, le sommeil paradoxal (SP) est précisé par un épaississement, l'approfondissement du sommeil lent dans les stades 1, 2, 3 et 4 correspond aux niveaux 1, 2, 3 et 4.

Il s'agit de l'hypnogramme d'un sujet jeune et sain ; le sommeil lent profond est important et se situe en début de nuit ; on observe cinq phases de sommeil paradoxal dont la durée augmente au cours de la nuit ; les éveils sont brefs et peu nombreux.

philosophiques et physiologiques pour expliquer le sommeil. Au cours du XIXe siècle, des fondements exclusivement physiologiques et chimiques ont été invoqués : manque d'oxygène, ischémies cérébrales. Puis est arrivée l'époque scientifique avec la découverte par Hans Berger, en 1929, de l'électro-encéphalogramme. En plaçant sur le cuir chevelu deux électrodes, on dérive en permanence une activité électrique qui provient du cortex cérébral. Actuellement, dans tous les laboratoires du monde, le sommeil est étudié en enregistrant au minimum l'électro-encéphalogramme (EEG), les mouvements oculaires (EOG) et l'activité musculaire (EMG), ce qui a permis de définir les différents types de sommeil.

Le sommeil a d'abord été considéré comme un phénomène passif. En 1937, Bremer pensait que le sommeil survenait « par défaut », le cerveau ne recevant plus d'influx nerveux, provenant des organes des sens ; le sommeil était considéré comme une simple diminution de l'éveil. Ce n'est qu'à partir de 1943 que Hess a émis l'idée selon laquelle le sommeil résulterait d'un phénomène actif. Il a alors fallu chercher le « centre » du sommeil. Le problème s'est compliqué en 1953, par la découverte d'Aserinsky et Kleitman de deux types de sommeil : le sommeil lent et le sommeil paradoxal. Une grande partie des travaux sur le sommeil paradoxal a été réalisée par l'école lyonnaise du Professeur Jouvet.

Les études neurophysiologiques autour des années soixante essayèrent de répondre à deux questions : comment s'endort-on et comment passe-t-on d'un type de sommeil à un autre ? Les travaux du Professeur Jouvet et de son école s'appliquent à décrire des structures nerveuses responsables de ces mécanismes, dans le tronc cérébral. Cependant, plus les recherches se développent et plus les mécanismes paraissent complexes. Actuellement, la notion de centres de l'éveil et du sommeil semble dépassée, et l'on pense que la régulation des états de vigilance résulterait d'une interaction permanente entre les systèmes d'éveil et les systèmes de sommeil. Les mécanismes qui contrôlent ces systèmes ne sont encore que partiellement connus. Cependant, on a pu mettre en évidence des substances sécrétées par l'organisme et qui peuvent déclencher le sommeil. En effet, si on prélève le liquide céphalo-rachidien d'un rat que l'on a empêché de dormir et qu'on l'injecte à un rat normal qui vient de s'éveiller, celui-ci se rendort aussitôt. Il y a même proportionnalité entre la quantité de sommeil obtenue et la durée pendant laquelle on a empêché le premier rat de dormir. De là à penser que l'on a mis en évidence l'« hormone du sommeil », il n'y a qu'un pas qui, malheureusement, n'a pu encore être franchi. La pilule du sommeil, qui correspondrait à une hormone sécrétée naturellement par l'individu, n'est pas pour demain.

Un problème fondamental, actuellement, est celui des rapports entre le sommeil et la régulation de la température du corps. Si pendant l'éveil et le sommeil lent la température interne du corps est maintenue constante, cette thermorégulation n'existe pas pendant le sommeil paradoxal où la température interne du corps suit les variations de la température ambiante.

Au cours de l'alternance veille, sommeil lent et sommeil paradoxal se pose le problème de la production et de la consommation d'énergie. On sait que pendant la veille le cerveau peut consommer une quantité d'énergie de la même façon qu'un muscle qui travaille. Le sommeil paradoxal dépense également une grande quantité d'énergie. Il faut donc que les réserves énergétiques se reconstituent, ce qui se fera dans le sommeil lent. Ces données peuvent actuellement être obtenues grâce à l'utilisation d'une technique nouvelle, la caméra à positons, qui permet de calculer la consommation d'oxygène et de sucre du cerveau humain.

L'alternance harmonieuse des états de vigilance ne dépend pas d'une seule substance chimique ; elle est le résultat d'interactions complexes, de mécanismes différents et hiérarchisés faisant intervenir des facteurs physiologiques, hormonaux, psychologiques et circadiens. Un bon sommeil est donc le reflet d'un équilibre qu'il faudra rétablir s'il a été perturbé.

Quelle est la signification psychologique du sommeil ?

Il ne faut pas s'étonner qu'il puisse se développer une angoisse au moment d'aller au lit. Dès l'antiquité, dans la mythologie grecque, Hypnos (dieu du sommeil) et Thanotos (dieu de la mort) sont tous deux fils de Nyx (la déesse de la nuit). Pendant le sommeil, il existe une coupure avec le monde réel ; les stimulations extérieures sont mal ou non perçues, l'individu est sans défense. Dans le monde animal, des stratégies de protection particulières à chaque espèce se développent : soit que l'animal se réfugie dans un terrier, un nid, c'est-à-dire un espace protégé, soit que les animaux se rassemblent, la survie de l'espèce étant alors assumée par le groupe. Il a été constaté que plus l'animal est vulnérable, plus les éveils nocturnes sont nombreux. Les grands prédateurs ont, paraît-il, un sommeil sans éveils !

L'homme et plus spécialement l'enfant développent une technique particulière pour s'endormir. Il se crée entre le subjectif, et ce qui est objectivement perçu, une aire intermédiaire que l'on appelle aire transitionnelle. La mère, en s'adaptant aux besoins de l'enfant, permet à celui-ci d'avoir l'illusion que ce qu'il crée existe réellement. Ces objets et les phénomènes transitionnels font partie du royaume de l'illusion qui est à la base de l'initiation. Cette aire intermédiane d'expérience constitue la plus grande partie du perçu du petit enfant, mais subsistera tout au long de la vie. De cette aire transitionnelle peut se détacher un objet particulier (couche, coin de couverture) qui devient « objet transitionnel » et qui permettra à l'enfant de trouver le sommeil. Bien sûr, cet objet est voué à un désinvestissement progressif. Ensuite, les phénomènes deviennent diffus, se répandent dans la zone intermédiaire qui se situe entre la réalité psychique interne et le monde extérieur. C'est cette zone que l'on essaie de recréer au coucher, par un rituel, plus ou moins complexe, particulier à chaque individu, qui lui permettra de se libérer de l'anxiété liée au monde réel et de glisser dans le sommeil.

De multiples raisons, que nous examinerons, rendent ce passage difficile. Baudelaire écrit en 1862 dans *le Gouffre* : « J'ai peur du sommeil comme on a peur d'un grand trou noir, tout plein de vague horreur, menant on ne sait où. »

Quel est le besoin de sommeil ?

Nous passons plus d'un tiers de notre vie à dormir, est-ce indispensable et peut-on réduire ce temps de sommeil ? Ces questions nous sont souvent posées et le temps nécessaire, voire obligatoire, du sommeil préoccupe beaucoup les sujets qui dorment mal.

À la naissance, le nourrisson passe deux tiers de son temps à dormir. Il s'éveille toutes les deux à six heures, crie, boit et se rendort. Ce modèle polyphasique, heureusement pour l'entourage, ne dure pas. À partir de trois mois, le nourrisson se réveille rarement la nuit et, à partir de six mois, s'il dort encore douze heures sur vingt-quatre heures, il peut rester éveillé pendant de longues périodes. En âge préscolaire, l'enfant fait encore une sieste l'après-midi dont le besoin disparaîtra avec la fréquentation de l'école. On rentre dans le modèle monophasique de l'adulte avec du sommeil la nuit et de la veille le jour.

Mais combien d'heures de sommeil sont nécessaires et ce nombre est-il le même pour tous ? Depuis longtemps, l'observation courante comme les études scientifiques ont montré que le besoin en sommeil est très variable suivant les individus ; les durées habituelles du sommeil varient de quatre à onze heures avec une prédominance entre sept et huit heures trente. On connaît des exemples nombreux d'hommes et de femmes célèbres, pour lesquels l'histoire ou la presse nous informe qu'ils dorment moins de cinq heures. Citons Napoléon, Churchill, Edison, plus près de nous Margaret Thatcher, Jacques Chirac, Pavarotti... La liste est longue. Légende ou réalité ? De toute façon, nous avons parmi nos patients d'incontestables courts dormeurs qui, après cinq heures de sommeil, sont frais et dispos, sans aucune somnolence diurne ; 10 % de la population a un besoin de sommeil inférieur à six heures trente par vingt-quatre heures. Il faut tenir compte pour définir un court dormeur de ce qui se passe pendant le week-end : en effet, un allongement des nuits pendant le week-end dénonce un raccourcissement des nuits pour des impératifs divers et ne signifie pas des nuits écourtées de façon spontanée.

À l'inverse, 15 % de la population semble avoir besoin de plus de neuf heures de sommeil chaque jour, ce sont souvent ceux que l'on appelle les gros dormeurs constitutionnels.

La structure du sommeil des gros et petits dormeurs est différente. Les gros dormeurs font proportionnellement une quantité moindre de sommeil lent profond que les petits dormeurs. Ces derniers ont un sommeil plus efficace, avec une prédominance de sommeil lent profond et de sommeil paradoxal, alors que le temps de sommeil lent léger est plus court.

Ces données semblent fixées génétiquement puisque des jumeaux homozygotes ou « vrais jumeaux » ont le sommeil rigoureusement identique en durée et en qualité, même lorsqu'ils ne vivent pas ensemble.

Peut-on, malgré un besoin déterminé, essayer de diminuer légèrement cette quantité de sommeil nécessaire ? Cette question nous est souvent posée par des personnes ayant une intense activité professionnelle. Une étude faite sur des étudiants a permis de diminuer progressivement et de façon contrôlée leur temps de sommeil total, mais en deçà de cinq heures de sommeil, un besoin irrépressible de dormir se fait sentir. En fin d'expérience, le temps de sommeil de ces témoins a augmenté mais est resté, peut-être provisoirement, inférieur d'une à deux heures à celui enregistré avant l'expérience.

Il est vrai qu'il s'agissait de personnes jeunes, en très bonne condition physique ; les impératifs génétiques comptent et il n'est donc pas recommandé de réduire au-delà d'une à deux heures ses besoins propres de sommeil.

Qu'en est-il de ce besoin avec l'âge ? La plupart des personnes âgées de plus de 70 ans se réveillent tôt le matin, avant sept heures, et près d'un quart d'entre elles avant cinq heures. Faut-il en conclure que le besoin de sommeil diminue avec l'âge ? Je ne pense pas, car si les personnes âgées dorment peu la nuit, elles ont par contre une difficulté à rester éveillées pendant la journée. En l'absence d'événements stimulants, s'installe une somnolence diurne et l'observation d'une personne âgée somnolant dans un fauteuil de salle d'attente est courante. Par conséquent, la quantité de sommeil sur vingt-quatre heures est peu modifiée au cours de la vie. Nous reviendrons plus loin sur le problème du sommeil des personnes âgées.

Quels sont les rôles du sommeil ?

Le sommeil est absolument indispensable à l'individu comme boire, manger et respirer. Si l'on prive un sujet normal de sommeil, des épisodes très brefs de sommeil feront irruption au cours de la veille, puis l'envie de dormir deviendra impérieuse à certaines heures au cours des vingt-quatre heures. Cependant le sommeil est un besoin particulier. En effet, si la respiration nous apparaît comme indispensable, il est possible de dire à quoi elle sert, à savoir le maintien d'une quantité d'oxygène dans le sang. Quand il s'agit du sommeil, la réponse est difficile et encore très mal connue.

C'est une évidence, le soir après une journée de travail, nous sommes fatigués, tendus. Alors que le matin, après une bonne nuit de sommeil, nous sommes frais et dispos. De ces constatations, découle la notion communément admise que le sommeil a un rôle réparateur.

Or une privation de sommeil même importante (pendant quatre à cinq jours) ne modifie ni les performances, ni les réponses physiologiques lors d'un exercice physique mesuré par un examen avec bicyclette d'entraînement. En fait, c'est surtout la prise de nourriture et le repos qui sont des facteurs de restauration du corps.

Cependant, le sommeil est indispensable à la croissance, puisque c'est en début de nuit, dans le sommeil lent, qu'est sécrétée l'hormone de croissance qui, chez l'enfant, assure un développement harmonieux. On connaît des cas de retard de croissance dus à des mauvaises conditions de sommeil : bruits, milieu défavorisé où plusieurs personnes logent dans une même pièce avec des rythmes différents. Un changement de vie dans un environnement plus calme (hospitalisation, vacances) permettra à l'enfant de gagner rapidement quelques centimètres, grâce à une reprise de la sécrétion de l'hormone de croissance qui ne se fait que lorsque le sommeil lent profond peut s'établir.

À quoi sert cette hormone de croissance chez l'adulte qui ne grandit plus ? Elle permet pendant le sommeil, qui est une période de jeûne, d'empêcher la dégradation tissulaire, et elle protège donc notre capital protidique pendant la nuit.

Mais qu'en est-il de la restauration de nos cellules nerveuses ?

La privation de sommeil pendant trois jours induit des désordres tels que : irritabilité, discrète désorientation dans le temps, hallucinations visuelles, troubles du langage à la fois moteurs (bégaiement) et conceptuels ; sur le plan neurologique, on observe des tremblements, une hyperesthésie au toucher et à la douleur, des troubles de la vue et, évidemment, des micro-endormissements.

Cependant, ces désordres engendrés par une privation de sommeil de trois jours disparaissent après un nuit de sommeil réparateur, c'est-à-dire après remboursement d'un tiers de la dette.

Si la restauration nerveuse exige repos, réduction de l'activité neuronale et isolement, le sommeil est le meilleur candidat pour l'assurer. Cependant, *c'est moins la quantité de sommeil qui importe que la qualité* : c'est le sommeil lent profond qui est le sommeil restaurateur. En effet, si l'on réduit le temps de sommeil d'un individu, lorsque le sujet est habitué à son nouveau temps de sommeil, ce sont souvent les durées du sommeil lent léger et du sommeil paradoxal qui sont diminuées alors qu'en revanche la durée de sommeil lent profond est augmentée.

Quant au rôle du sommeil paradoxal, il est possible de priver un sujet volontaire de sommeil paradoxal, en le réveillant dès qu'il entre en sommeil paradoxal ; on n'a jamais réussi à déceler des conséquences de cette privation : on ne sait pas de quoi il manque. En revanche, chez l'animal privé de sommeil paradoxal pendant une longue période, les conséquences sont évidentes. Par exemple, le rat que l'on prive de sommeil paradoxal, oublie tous ses comportements acquis ; si l'on avait appris au rat à aller chercher sa nourriture en traversant un labyrinthe, il oubliera cette acquisition après privation de sommeil paradoxal.

Le Professeur Jouvet, a émis l'hypothèse que le sommeil paradoxal permet la reprogrammation de la mémoire génétique, c'est-à-dire des comportements innés propres à l'espèce et qui existent dès la naissance. Dans la forêt, les écureuils ont l'habitude d'enfouir les noisettes au pied des arbres ; ce comportement devient tout à fait inutile en captivité, or il persiste. La persistance de ces comportements innés ne peut donc s'expliquer que par une réactivation périodique des comportements qui se ferait pendant le sommeil paradoxal. Peut-on vérifier ce rôle ? Oui par une expérience simple, si l'on bande l'œil d'un chat à la naissance, ce dernier, devenu adulte, aura beaucoup de mal à utiliser cet œil. Si on refait la même expérience mais en privant le chat de sommeil paradoxal : l'œil bandé ne pourra plus être utile à l'état adulte. En empêchant la reprogrammation génétique, par suppression du sommeil paradoxal, on a augmenté le poids de l'influence de l'environnement.

Le sommeil paradoxal semble intervenir non seulement dans la mémoire génétique mais également dans la mémoire de l'expérience individuelle.

Apprendre en dormant ? Malheureusement, ce n'est pas si simple, le magnétophone sous l'oreiller dévidant pendant la nuit la leçon d'histoire ne laissera, si le sujet a bien dormi, aucune trace mnésique le matin. Cependant, le sommeil semble favoriser la mémorisation. Celle-ci se passe en deux étapes : la première appelée phase d'acquisition immédiate, la deuxième appelée phase de consolidation sur laquelle intervient le sommeil paradoxal.

On a constaté que lors d'un apprentissage, le pourcentage de sommeil paradoxal pendant la nuit augmente durant la phase active de l'apprentissage ; quand celui-ci est maîtrisé, la durée du sommeil paradoxal redevient identique à celle de la période de référence. Inversement, si on prive un animal de sommeil dans la première nuit qui suit l'acquisition d'une nouvelle tâche, la rétention de l'apprentissage est gravement perturbée. On voit donc qu'il existe un effet bénéfique du sommeil et en particulier du sommeil paradoxal sur la fixation mnésique. Une bonne nuit de sommeil permettra de se rappeler plus facilement les cours appris la veille et dans la soirée.

Qu'est-ce que le rêve, comment l'explorer, quand rêve-t-on ?

On ne peut parler du sommeil et de ses troubles sans évoquer le rêve.

Pour connaître le moment où l'on rêve, il est nécessaire d'enregistrer le sommeil de sujets et de les réveiller ensuite à des moments précis pendant le sommeil paradoxal et pendant le sommeil lent. On leur demande ensuite de raconter leur rêve. La notion de rêve est donc liée à l'acquisition du langage, c'est-à-dire à la capacité du dormeur d'en faire un récit.

Si l'on admet comme rêve toute activité mentale se déroulant pendant le sommeil, plusieurs réponses peuvent être faites par le dormeur éveillé. Le sujet est certain qu'il ne rêvait pas, le sujet affirme qu'il rêvait mais aucun récit n'est possible, enfin le sujet est capable de décrire son rêve qui peut être très précis et coloré avec des mouvements, des décors ; il pourra comporter plusieurs scènes successives avec des souvenirs visuels mais également auditifs, olfactifs, gustatifs et même sensitifs. Parfois le récit de rêve ne sera qu'une pensée ou même un concept.

Comme ceci a été démontré par de nombreux physiologistes et comme nous l'avons observé dans notre laboratoire, au cours de nombreuses nuits de veille pour l'expérimentateur, c'est au cours du sommeil paradoxal que l'on observe le plus fort pourcentage de souvenir de rêve (83 % contre 50 % lors des réveils en sommeil lent). En sommeil lent, un récit du souvenir du rêve n'est obtenu que dans 17 % des cas. De plus, comme l'ont montré certains chercheurs, si l'on ne retient que les récits de rêves avec des séquences longues et détaillées comportant plusieurs épisodes, ce taux n'est plus que de 6 %. Il faut également signaler qu'il existe des réveils lors de phases de sommeil paradoxal sans récit ni même souvenir de rêve.

Il apparaît donc que, si le sommeil paradoxal n'est pas le moment exclusif ni obligatoire du rêve, il en est le moment privilégié et, comme le dit le Professeur Jouvet : « C'est dans le sommeil paradoxal que le rêve s'exprime avec toute sa richesse sensorielle, émotionnelle et motrice. »

2 *L'insomnie ou mieux, l'insomniaque*

DÉFINIR L'INSOMNIE

L'insomnie se définit comme une plainte. C'est une expérience subjective très difficile à analyser car elle dépend du vécu du sujet et de sa personnalité.

Il peut s'agir d'un sommeil trop court par rapport à une norme socialement admise, ou au temps que le sujet lui-même considère comme nécessaire par référence à un état antérieur où le sujet était satisfait de son sommeil.

Parfois le symptôme se cristallise sur l'endormissement long et pénible, avec une incapacité à trouver le sommeil et une angoissse qui se développe à l'approche de la nuit.

Inversement, le sommeil peut s'installer facilement, mais il se développe une difficulté à le maintenir avec des éveils nocturnes nombreux et des rendormissements difficiles. Le patient a un sommeil haché ou fragile, avec un réveil au moindre bruit. Le sujet devient agressif vis-à-vis des voisins ou de l'entourage qu'il juge trop bruyants, et qu'il rend responsables de ses réveils nocturnes.

Un autre type d'insomnie est celle du petit matin ; le patient s'endort facilement mais se réveille vers 4 heures et ne peut plus se rendormir.

Certains cumulent les trois types de plainte, et au pire évoquent une absence totale de sommeil.

Enfin, certains insomniaques disent dormir mais mal, d'un sommeil qu'ils trouvent léger, et surtout non réparateur, car ils se réveillent le matin fatigués, certains que la cause de cette fatigue est un mauvais sommeil.

L'insomniaque se plaint de ses nuits, mais également de ses jours : il décrit une fatigue intense, une nervosité et une irritabilité vis-à-vis de sa famille et de ses collaborateurs, une diminution de ses performances physiques et intellectuelles, des troubles de mémoire et une incapacité à se concentrer. D'autres symptômes peuvent s'ajouter à ce tableau comme des maux de tête, des picotements oculaires, voire des nausées. La plainte d'un trouble de vigilance au cours de la journée est variable. Si certains insomniaques se plaignent d'une somnolence diurne, beaucoup ne ressentent dans la journée aucun besoin de sommeil.

Ce qui est commun à tous les insomniaques, est qu'il existe une fixation psychologique sur le sommeil, ce qui entraîne un cercle vicieux. Une mauvaise nuit provoque un malaise diurne et réciproquement. L'insomniaque vit mal ses nuits mais également mal ses journées.

L'insomnie est-elle fréquente ? Qui frappe-t-elle ?

Le mot insomnie recouvre donc des plaintes subjectives nombreuses et diverses, c'est pourquoi les enquêtes donnent des résultats différents.

Je citerai une des enquêtes les plus connues, celle qui a été faite dans la république de San Marin, lieu peut-être peu connu du grand public, qui se trouve en Italie du Sud. Cette étude a été faite sur une échelle de 5 713 personnes. Dans cette localité, 19,1 % de la population de plus de 20 ans se plaint d'insomnie, avec une prédominance chez la femme et une aggravation avec l'âge. Ce taux augmente rapidement chez les femmes à partir de 45 ans où 40 % d'entre elles se plaignent d'insomnie, contre 20 % des hommes. Ce pourcentage atteint son maximum entre 65 et 69 ans.

Qu'en est-il en France ? Une enquête de la SOFRES de 1989 indiquait que 62 % des Français se plaignaient de mal dormir et que 11 % prenaient des hypnotiques. Dans un travail publié récemment (1991) portant sur un échantillon représentatif de l'ensemble de la population, il apparaît que 10 % des Français prennent des hypnotiques et que 6,17 % en font une utilisation chronique depuis plus de six mois.

Les Américains ont les mêmes problèmes, puisque 35 % d'entre eux ont des difficultés occasionnelles pour dormir, et que 4,3 % d'entre eux ont une prescription médicale pour ce problème.

Ces quelques données montrent l'importance du problème, aussi bien à titre individuel, qu'économique et social.

LES NUITS DE L'INSOMNIAQUE ENREGISTRÉES AU LABORATOIRE

Particularités objectives du sommeil de l'insomniaque

Les enregistrements nocturnes des insomniaques objectivent en premier lieu une discontinuité importante de l'état de vigilance, avec des éveils de durée variable, très nombreux. Aussi, si l'on regarde l'hypnogramme d'un sujet insomniaque, la première chose qui surprend, c'est le nombre important de changements de stades (voir p. 41). Le délai d'endormissement est allongé et l'efficacité du sommeil, définie comme le rapport du temps de sommeil sur le temps passé au lit, est diminuée.

L'architecture du sommeil peut ne pas être modifiée, la baisse du temps de sommeil total se fait souvent aux dépens du stade 2 mais les quantités de sommeil lent profond ainsi que de sommeil paradoxal sont souvent normales.

On observe parfois un aspect électro-encéphalographique particulier que l'on appelle « alpha-delta ». Pendant le sommeil lent, on observe bien un tracé électro-encéphalographique lent (ondes delta à 1-4 cycles/seconde) mais sur ces ondes lentes se superposent des rythmes rapides (à 8-12 cycles/seconde), rythmes appelés rythmes alpha qui sont habituellement rencontrés pendant la veille. Cette superposition s'observe souvent chez les mauvais dormeurs.

Cependant, il faut signaler que ces résultats sont des résultats globaux, que les nuits des insomniaques sont très variables d'un sujet à l'autre mais également pour un même sujet lors de nuits successives. De plus, certains insomniaques ont des nuits tout à fait normales.

Lorsqu'un patient passe plusieurs nuits au laboratoire, la première nuit est dite « nuit d'habituation ». En effet, le sujet se trouve dans un environnement différent, inconnu auquel il doit s'adapter. Il a des fils qui le relient aux appareils, et on conçoit très bien que cette nuit soit moins bonne que les nuits passées à la maison. C'est ce que nous appelons « effet première nuit ». Chez les insomniaques, cet effet peut être plus marqué que chez les bons dormeurs, mais paradoxalement, l'insomniaque est parfois rassuré par une nuit passée à l'hôpital, où il est pris en charge, la composante anxieuse diminue et il peut mieux dormir.

Rapports entre aspects objectifs et subjectifs du sommeil de l'insomniaque

Nous avons une appréciation subjective des nuits de l'insomniaque par des agendas de sommeil qu'il remplit lui-même (nous y reviendrons). Quels rapports y a-t-il entre ces données subjectives et les données fournies par les enregistrements polygraphiques des nuits ?

L'écart est grand ; l'insomniaque surestime en effet le temps mis à s'endormir et la durée des éveils nocturnes et sous-estime la durée réelle de son sommeil. Le dernier patient enregistré au laboratoire estimait au matin avoir dormi au maximum une heure trente avec un grand éveil au milieu de la nuit. L'enregistrement a montré un temps de sommeil total de quatre heures trente, avec un long éveil vers trois heures du matin. En fait, l'insomniaque a beaucoup plus de mal à apprécier certains stades du sommeil ; réveillé en stade 2, le bon dormeur dit qu'il dort, l'insomniaque, le plus souvent, dit ne pas dormir, surtout si le stade 2 est entrecoupé d'éveils brefs.

Une étude récente des différences physiologiques et psychologiques a été faite, en Angleterre, sur 36 personnes, 18 se disant bons ou très bons dormeurs, 18 se disant mauvais ou très mauvais dormeurs.

Les enregistrements polygraphiques ont montré sur la moyenne des temps totaux de sommeil des deux groupes une différence qui n'est que de vingt-huit minutes. Les sujets des deux groupes étaient appariés selon l'âge, le sexe et le poids, aucune différence n'a été observée sur les durées du sommeil paradoxal et du sommeil lent profond. Aucune différence sur les latences d'endormissement mesurées objectivement n'a été retrouvée, alors que subjectivement les mauvais dormeurs estiment s'endormir plus difficilement. Cependant, ces derniers se réveillent beaucoup plus souvent au cours de la première heure de sommeil, ce qui semble être responsable de l'augmentation subjective de la latence d'endormissement. Au cours des cinq premières heures d'enregistrement les mauvais dormeurs se réveillent deux fois plus, ce qui pourrait intervenir dans la mauvaise appréciation de leur nuit. Ceci, cependant, ne paraît pas être la seule explication, car les échelles d'anxiété sont plus élevées chez les mauvais dormeurs.

L'insomnie est une expérience personnelle. Quand l'insomniaque se plaint de dormir mal ou trop peu, cette plainte doit être prise au sérieux même si elle ne peut être objectivée.

Quels sont les aspects essentiels du sommeil pour qu'un individu ait le sentiment de bien dormir ?

La réponse est difficile et vraisemblablement multiple. Il existe des personnes ne dormant que quatre heures et pourtant pleinement satisfaites de leur nuit alors que d'autres se plaignent d'avoir mal dormi bien que les mesures objectives ne révèlent aucune anomalie. Il semble cependant que le temps mis pour s'endormir soit un élément important, car c'est à ce moment que les ennuis divers resurgissent et que n'étant plus distrait par l'environnement, il apparaît une rumination des faits. Les événements de la journée, les différents problèmes et les soucis habituels défilent dans la tête du sujet qui ne peut trouver le sommeil.

Un deuxième critère important est la continuité du sommeil ; un sommeil fragmenté est perçu par l'insomniaque comme de la veille, et le Docteur Gaillard a écrit en 1990 : « Il n'existe aujourd'hui aucune mesure simple qui exprime le fait d'avoir bien dormi, ce qui est après tout la fonction du sommeil. »

Faut-il dans tous les cas effectuer un enregistrement polygraphique chez l'insomniaque ?

Nous venons de voir que l'important est la plainte, que les données subjectives et objectives ne se recoupent pas toujours. Donc, dans la majorité des cas, l'enregistrement au laboratoire n'est pas nécessaire bien que, souvent, le patient arrive en consultation avec sa valise en demandant à être hospitalisé.

Il peut y avoir des troubles nocturnes empêchant le patient

de dormir. Dans ce cas, ils seront recherchés lors de la consultation et confirmés par un enregistrement polysomnographique nocturne. Nous parlerons plus loin de ces parasomnies.

INSOMNIE ET VIGILANCE DIURNE

Quel est le rapport entre un mauvais sommeil et la vigilance au cours de la journée suivante ?

S'il est vrai que la somnolence diurne est une plainte qui revient souvent dans l'interrogatoire de l'insomniaque, les rapports entre somnolence diurne et sommeil nocturne ne sont pas aussi univoques.

Comment apprécier la vigilance diurne

ESTIMATION SUBJECTIVE DE LA VIGILANCE

Le simple interrogatoire donne une idée subjective des variations de vigilance au cours de la journée.

Le patient peut remplir à des moments précis de la journée, une échelle cotée entre 1 et 7 ; pour la cote 1, le patient se sent actif, vif et alerte, pleinement éveillé ; la vigilance baisse au fur et à mesure que la cotation s'élève et le grade 7 correspond à un état où le patient a du mal à garder les yeux ouverts et où l'endormissement devient impératif.

Il est parfois utile de faire remplir au patient un agenda de ses états de vigilance pendant plusieurs semaines. Sur une grille horaire le patient indique l'heure du coucher, l'heure approximative de l'endormissement, les éveils nocturnes et leur durée, l'heure du réveil ; il apprécie la qualité de sa nuit par une note. Pendant la journée, sur la même grille sont indiqués les somnolences et les épisodes de sommeil ; la vigilance diurne est également appréciée par une note.

L'agenda de sommeil facilite l'orientation diagnostique d'une plainte insomniaque.

ESTIMATION OBJECTIVE DE LA VIGILANCE

De même que le sommeil peut être enregistré au laboratoire, la vigilance peut également être mesurée. Des tests sont répétés toutes les deux heures au cours de la journée ; le patient est placé dans une chambre obscure, préparé comme pour une polygraphie nocturne, et une consigne lui est donnée. On peut étudier sa capacité à s'endormir, la consigne est alors « essayez de vous endormir le plus rapidement possible ». Il s'agit du test itératif d'endormissement. Les sujets témoins dans ces conditions s'endorment après dix minutes environ, chaque test durant au maximum vingt minutes. Ce test est très sensible et permet de suivre objectivement l'évolution circadienne de la capacité d'endormissement (figure 2).

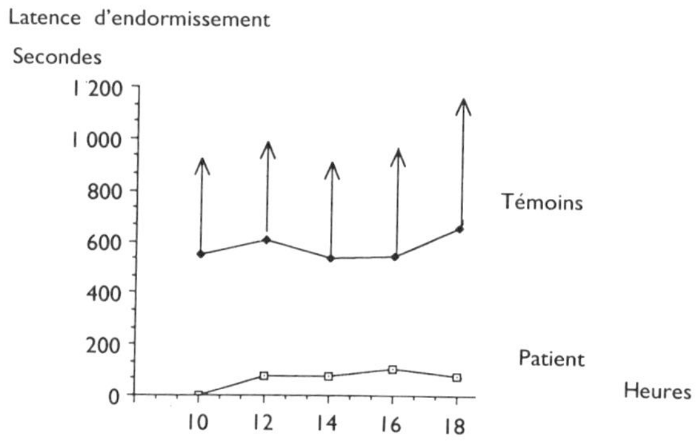

Figure 2 Test de latences multiples d'endormissement.
Le graphique indique, pour les cinq tests effectués à 10, 12, 14, 16 et 18 heures, la latence d'endormissement exprimée en secondes.

Pour un groupe de témoins, cette latence est voisine de dix minutes ; pour le patient, elle est très écourtée, au voisinage de la minute. Il s'agit d'un patient narcoleptique qui, outre des latences courtes d'endormissement, présentera du sommeil paradoxal au cours des tests qui ne durent que vingt minutes.

Cet test permet d'objectiver des troubles de la vigilance au cours de la journée.

On peut en faisant varier la consigne étudier la capacité à rester éveillé. La consigne est alors : « essayez de ne pas dormir ». Chaque test dure vingt minutes. Il s'agit du test itératif de maintien de la vigilance. Un sujet témoin peut résister le plus souvent au sommeil.

L'endormissement est déterminé grâce au tracé électroencéphalographique.

Les résultats de ces tests ont fourni des données intéressantes et souvent surprenantes. Ils ont également permis de vérifier l'effet résiduel des hypnotiques.

Quelle est la vigilance diurne de l'insomniaque ?

Si l'on évoque objectivement la vigilance des gros dormeurs et des petits dormeurs, il apparaît que la somnolence diurne est plus importante, avec des latences d'endormissement au test d'endormissement plus courtes chez les gros dormeurs qui ont un temps de sommeil total plus long. Inversement, les petits dormeurs avec un temps de sommeil total plus court, ont des latences d'endormissement plus longues et une vigilance plus grande au cours de la journée. Donc la tendance à s'endormir facilement le jour est associée à un sommeil nocturne de longue durée et à un endormissement nocturne rapide chez le sujet témoin.

Une étude récente a été faite aux Etats-Unis comparant des sujets contrôles et des insomniaques chroniques. Chez les patients dont la plainte insomniaque est objectivée par un sommeil enregistré de mauvaise qualité comportant de nombreux éveils, les latences d'endormissement aux tests diurnes sont plus longues que celles des témoins. La vigilance chez l'insomniaque au cours de la journée est plus grande bien que le temps de sommeil total de la nuit soit diminué. Tout se passe comme si les patients présentaient un « hyperéveil » c'est-à-dire une difficulté à s'endormir aussi bien la nuit que le jour, comme si le sommeil avait du mal à s'installer.

Cependant, il est également vrai que la privation de sommeil provoque une somnolence diurne. C'est peut-être là l'explication du fait que certains insomniaques se plaignent de somnolence diurne, d'une diminution de leurs performances ; il existe sans doute chez ces derniers une dette de sommeil.

LA SIESTE

Le temps du sommeil était autrefois fixé de façon moins rigoureuse. Si l'on observe les tableaux de l'école flamande par exemple, on peut voir en pleine journée des gens endormis sur le bord des routes dans les champs ou à côté d'une maison. Aujourd'hui, dans certains pays tels que l'Inde, de nombreuses personnes dorment en plein air dans la journée. Dormir le jour en public dans le monde occidental n'est pas facilement admis. Cependant, si on descend vers les pays chauds — Afrique, Antilles, Réunion, Amérique du Sud — la sieste non seulement est tolérée, mais incluse dans le mode de vie ; en Afrique, par exemple, les écoles ne reprennent que vers 15 heures pour permettre aux enfants et... aux professeurs de dormir. Est-ce seulement une conséquence du climat ou bien la sieste correspond-elle à un besoin physiologique ?

La somnolence de la mi-journée

Si l'on soumet des personnes à un isolement strict (nous y reviendrons, ce mode de fonctionnement s'appelle « expérience en libre cours »), et que l'on étudie l'évolution de la température corporelle et de la tendance à l'endormissement, on constate tout d'abord que les deux courbes sont liées. Il existe au cours des vingt-quatre heures deux périodes particulières, pour des sujets, dormant habituellement entre 23 heures et 7 heures :

— la première zone se situe aux environs de quatre heures, c'est une zone « d'éveil interdit », elle correspond au minimum de la température corporelle ;

— la deuxième zone, se situant aux environs de 15 heures, est une zone dite de « sommeil facilité » pendant laquelle l'endormissement est facile.

Il existe, durant les vingt-quatre heures, une variation bimodale — c'est-à-dire avec deux pics — de la somnolence, avec un pic nocturne et un deuxième pic au milieu de l'après-midi. La sieste correspond donc à une baisse physiologique de la vigilance au cours de la journée.

Quelle est la durée idéale d'une sieste efficace ?

Des travaux étudiant le niveau de performance après des siestes de durées diverses n'ont pas montré de différence dans l'efficacité de siestes de soixante et de cent vingt minutes. Une autre donnée est à prendre en compte, c'est l'heure à laquelle survient la sieste. Il semble qu'une sieste du matin soit inefficace sur les performances, alors qu'une sieste effectuée en début d'après-midi, c'est-à-dire au moment où le niveau de vigilance est le plus bas, soit davantage positive sur les performances.

Les études de chronobiologie montrent que ce sont des siestes courtes pratiquées en début d'après-midi qui sont le plus souvent efficaces, ce qui est généralement le cas dans les pays où la sieste est pratiquée de façon courante.

Faut-il recommander la sieste ?

Il est difficile d'édicter des règles. Il existe des contraintes socioprofessionnelles qui font que souvent le problème ne se pose même pas.

Une autre considération, importante est l'état du sujet au réveil. Certaines personnes sont capables de faire des coupures brèves, de dormir même dans un fauteuil, assises à leur bureau et de se réveiller dix minutes plus tard spontanément et reposées.

D'autres personnes ont un réveil difficile, des maux de tête, se sentent nauséeuses et mal à l'aise après le réveil. Cette différence de l'efficacité de la sieste n'est pas liée à la profondeur du sommeil durant la sieste.

Il est des pathologies particulières, telle la narcolepsie, maladie où les patients ont, entre autres, des difficultés à rester éveillés dans la journée, pour lesquelles les siestes assurent une amélioration de la vigilance diurne et permettent de diminuer le traitement.

Les insomniaques ont souvent peur de faire la sieste, d'entamer ainsi leur capital de sommeil ; il n'en est rien à condition évidemment que celle-ci ne soit pas trop longue et ne se fasse pas tardivement dans l'après-midi.

3 L'insomnie liée à des modifications des rythmes circadiens et à des situations extrêmes

Qu'est-ce qu'un rythme circadien ?

Ce n'est qu'à partir de 1962, après les travaux des deux Allemands, Aschoff et Wever, que l'on a montré que les variations de vigilance, c'est-à-dire l'alternance veille-sommeil, comme beaucoup d'autres rythmes biologiques (telle la température), possèdent un rythme circadien. Ces paramètres biologiques subissent en effet des variations périodiques, dont la période — temps pendant lequel le cycle complet peut se dérouler — est voisine de vingt-quatre heures, d'où le nom de rythme circadien (*circa :* environ et *dien :* jour) donné à ces variations. En ce qui concerne le sommeil, l'alternance jour-nuit ne suffit pas à expliquer le passage de la veille au sommeil, il existe une horloge interne responsable de ces variations de vigilance.

Ces notions ont pu être dégagées à la suite d'expériences d'isolement subies par des volontaires sains. Le sujet ne reçoit aucune information temporelle, et n'a aucune relation avec le monde extérieur (pas de montre, ni de radio, ni de journaux). Ses repas lui sont servis sur sa demande et le sujet vit à son propre rythme. Ces expériences dites « de libre cours » ont été pratiquées soit dans des laboratoires, soit dans des gouffres. Elles montrent qu'en l'absence de tout repère temporel, l'alternance veille-sommeil est maintenue avec une période aux environs de vingt-cinq heures. Les quantités de veille et de sommeil changent peu par rapport à une vie normale. Ceci montre qu'il existe dans notre corps une horloge interne qui indique le temps. Notre horloge interne n'est pas réglée sur l'alternance jour-nuit qui est de vingt-quatre heures, et chaque jour elle doit être remise à l'heure. Ceci se fait grâce à des informations provenant du monde extérieur : l'alternance du jour et de la nuit mais également les bruits, la température extérieure, le champ magnétique. De plus, la vie sociale avec les repas, le travail fournit également de nombreux synchroniseurs.

D'autres rythmes biologiques suivent ces rythmes circadiens, en particulier, la température centrale, la sécrétion de certaines hormones, l'humeur. Certains paramètres du sommeil sont influencés par la température, en particulier l'envie de dormir et la durée du sommeil.

On voit donc que dans les conditions de vie habituelle, il existe un équilibre entre les fluctuations des variables biologiques et celles de l'environnement. Mais la vie moderne va souvent bousculer cet équilibre et nous allons essayer de décrire les problèmes de sommeil dans des conditions particulières telles que le travail de nuit, le travail alternant, les vols transméridiens, ou des situations extrêmes.

TROUBLES DU SOMMEIL ET VOLS TRANSMÉRIDIENS : DÉCALAGE HORAIRE OU « JET LAG »

Qu'est-ce que le syndrome du « jet lag » ?

Une des conséquences de la vie moderne est le développement des voyages et en particulier des voyages aériens qui obligent pendant un vol à traverser plusieurs fuseaux horaires. Les malaises qui en découlent constituent le syndrome du « jet lag ».

Les symptômes du jet lag sont multiples : troubles du sommeil, fatigue, troubles de l'humeur, baisse des performances physiques et intellectuelles, troubles gastro-intestinaux, et si une pathologie antérieure existe, elle peut être aggravée. Ces effets sont très variables d'un sujet à l'autre ; ils semblent augmenter avec l'âge.

Après un vol vers l'ouest, il arrive souvent que, pendant quelques jours, on s'éveille inhabituellement de très bonne heure et que l'après-midi une somnolence irrépressible survienne. À l'inverse, lors des voyages d'ouest en est, on constate le plus souvent des troubles de l'endormissement.

À quoi sont dus ces symptômes ?

Chaque rythme biologique va réagir plus ou moins vite et plus ou moins complètement au décalage horaire. Les relations entre les différentes fonctions biologiques sont perturbées et il survient un état de désynchronisation interne. L'adaptation du rythme veille-sommeil est assez rapide, de l'ordre de quelques jours ; l'adaptation de la température centrale est beaucoup plus lente, elle nécessite environ une semaine pour s'ajuster aux nouveaux horaires.

Enfin, il faut trois semaines pour que certaines hormones, tel le cortisol, soient de nouveau sécrétées au bon moment.

Généralement, les voyages d'est en ouest sont plus agréables que les vols en sens inverse. Cela pourrait être dû au fait que les rythmes circadiens en libre cours présentent une période des vingt-cinq heures et que l'allongement de la périodicité de vingt-quatre à vingt-cinq heures, lors d'un voyage d'est en ouest, serait mieux toléré qu'un raccourcissement de cette périodicité. Aux effets liés à l'ajustement des rythmes biologiques au nouveau fuseau horaire, s'ajoutent ceux occasionnés par la fatigue du voyage et éventuellement la privation de sommeil.

Quel est le traitement du syndrome du « jet lag » ?

Le phénomène est certes gênant pour le voyageur occasionnel mais certaines précautions peuvent en diminuer les effets.

S'il s'agit d'un voyage de très courte durée, il sera plus efficace de garder les horaires du pays d'origine et de ne pas prendre de rendez-vous important à des heures qui auraient correspondu à des heures de sommeil.

Si le séjour est plus long (supérieur à une semaine), le voyageur devra s'adapter dès le début du vol à son nouvel horaire en modifiant l'heure de sa montre, de ses repas et de son coucher.

S'il s'agit d'un déplacement professionnel nécessitant des performances dès l'arrivée, soit qu'il s'agisse d'une compétition sportive, d'une conférence politique ou d'une négociation commerciale, la préparation pourra être plus importante. Il est recommandé de modifier progressivement les horaires de sommeil avant le voyage, en avançant l'horaire habituel du coucher et du lever d'une heure par jour, si le voyage doit se faire vers l'est ou en retardant ces horaires si le voyage se fait vers l'ouest. Cependant, ceci doit être effectué avec modération afin de ne pas aboutir à une discordance des rythmes avant le départ ! Il est donc conseillé de faire une préparation partielle ou, ce qui évidemment est plus confortable, d'arriver à destination quelques jours avant les rendez-vous importants ! C'est en général ce qui est fait pour les athlètes dans le cas de compétitions internationales. Dès l'arrivée, il faudra se synchroniser le plus rapidement possible sur l'heure locale, en adoptant le mode de vie du pays.

La sieste n'est pas recommandée ; en revanche, on pourra utiliser la lumière pour essayer d'avoir une meilleure adaptation : lors d'un voyage vers l'ouest, l'exposition à la lumière l'après-midi afin de repousser l'horaire d'endormissement et des autres rythmes est conseillée ; lors d'un voyage vers l'est, il est recommandé au contraire de profiter de la lumière du matin pour essayer d'avancer ses rythmes en évitant de s'exposer au soleil l'après-midi. Ces conseils sont néanmoins difficiles à suivre si l'on habite dans les brumes du nord, c'est pourquoi des expositions à la lumière artificielle pourront sans doute dans le futur être utilisées dans le traitement du jet lag mais les modalités sont encore à préciser.

La prise d'un hypnotique, n'ayant pas d'effet à long terme, peut permettre de dormir pendant le vol et d'éviter l'aggravation des effets du jet lag par une privation de sommeil.

Bien que gênants pour le voyageur, les décalages de rythmes ne sont qu'une incommodité passagère. Le problème se pose avec beaucoup plus d'acuité pour les personnes effectuant des déplacements longs et fréquents comme, par exemple, le personnel navigant des compagnies aériennes. Aucune recette ne peut être donnée. De plus, les troubles provoqués par ces décalages varient énormément suivant les individus, leur personnalité, leur âge et l'ancienneté de ces horaires variables. Des rotations stables afin qu'un rythme puisse être établi sont préférables. Il est possible que, dans le futur, l'utilisation de la photothérapie et de la mélatonine, hormone sécrétée par l'épiphyse qui est dans le tronc cérébral, puisse apporter une amélioration aux conditions de vie de ces grands voyageurs.

INSOMNIES LIÉES AU TRAVAIL DE NUIT ET AU TRAVAIL POSTÉ

Modifications du sommeil

Le travail posté présente des rotations horaires permanentes avec plusieurs équipes qui se succèdent dans la journée. En général, une même équipe assure dans l'ordre un poste du matin, puis d'après-midi et enfin un poste de nuit avec des jours de repos à chaque changement de poste. Outre les difficultés concernant la vie relationnelle, des troubles du sommeil surviennent souvent chez les personnes soumises à ce mode de vie. Il apparaît un déficit de sommeil pour le poste du matin ; la nuit est raccourcie car il est très difficile de se coucher assez tôt pour assurer une compensation suffisante. Quant au poste de nuit, le sujet aura un sommeil de jour dont la durée est obligatoirement plus courte ; en effet, le matin la température corporelle s'élève et les conditions ne sont pas favorables au sommeil.

L'âge, les motivations, les problèmes sociaux et familiaux interviennent dans la tolérance au travail posté.

Que faire pour améliorer les conditions de vie des travailleurs postés ?

Pour le travail posté, il est souhaitable de respecter un ordre de rotation à savoir travail du matin, de l'après-midi et enfin de nuit. De plus, une rotation tous les trois ou quatre jours paraît correspondre à la meilleure adaptation possible. La nécessité d'établir un rythme paraît évidente.

Mais il ne suffit pas d'établir des horaires de travail le mieux adaptés aux contraintes de la chronobiologie, il est également nécessaire d'établir un rythme du sommeil. Lors des phases de travail diurne, le sommeil sera nocturne et le plus souvent en accord avec la vie familiale ; mais lorsque le travail est nocturne il sera nécessaire d'établir des horaires de sommeil stables qui seront conservés pendant le week-end et devront être respectés par la famille. Certaines personnes ne pourront trouver le sommeil à 8 heures du matin, en effet c'est le moment où la vigilance est le plus élevée et de plus le sommeil du matin sera de courte durée ; si le sommeil du matin est possible mais trop court il pourra être complété par une sieste en début d'aprés-midi ; si le sommeil du matin est impossible il sera souhaitable de placer le moment d'aller au lit après le repas qui devra être avancé.

Si, malgré ces précautions, les troubles du sommeil s'aggravent, s'accompagnent de somnolence, d'une aggravation de l'humeur et de troubles psychologiques tels que irritabilité, voire dépression, il faudra envisager l'arrêt de ce type de travail.

LE SOMMEIL RETARDÉ : LE « RETARD DE PHASE »

Il peut arriver qu'un patient se présente à la consultation avec un problème très particulier. En vacances, tout va bien. Il se couche entre 2 et 5 heures du matin, dort jusque vers midi ou même plus tard ; dans la journée, il est actif, de bonne humeur. Tout se gâte lorsque les vacances se terminent. Ce patient auquel je fais allusion était professeur, avec un horaire difficile et des cours à 8 heures le plus souvent. Il lui était impossible de se lever le matin, de même que de s'endormir plus tôt le soir. Il s'ensuivait une somnolence importante dans la journée, un absentéisme de plus en plus grand.

Il s'agissait d'un homme ayant des horaires décalés par rapport aux horaires standard de la vie courante.

La solution fut une chronothérapie, réalisée à domicile avec l'aide de sa femme.

Au lieu de lui demander de se coucher plus tôt, il lui a été demandé de se coucher plus tard, de retarder de trois heures chaque jour l'heure du coucher jusqu'à ce que l'heure d'endormissement normale, aux environs de 23 heures, soit atteinte. Un horaire régulier de coucher a dû ensuite être maintenu pendant au moins un mois avec un lever obligatoire à heure fixe. Le traitement a été parfaitement efficace.

Ce traitement est basé sur le fait que nos horloges biologiques ont un rythme plus grand que vingt-quatre heures ; en lui demandant de se coucher plus tard, on a prolongé son rythme circadien, ce qui est plus facile que l'inverse, pour le stabiliser sur un nouvel horaire.

Le syndrome d'avance de phase correspond à la situation inverse ; il s'agit de personnes qui sont dans l'impossibilité de veiller, leur endormissement se faisant normalement entre 18 et 20 heures, par contre le réveil a lieu vers 5 heures du matin au maximum. Ce trouble est rare, se rencontre essentiellement chez les personnes âgées, mais il constitue une gêne importante dans la vie sociale et relationnelle. Un essai de traitement par chronothérapie, associé éventuellement d'une photothérapie, peut être efficace.

Dans le cas d'un retard de phase, une resynchronisation des horaires sur la vie sociale peut être obtenue en retardant progressivement l'horaire du coucher de trois heures chaque vingt-quatre heures jusqu'à ce que cet horaire tombe à une heure acceptable. Cette thérapie, si elle est efficace, est très contraignante et nécessite l'adhésion de toute la famille ; de plus, une période de stabilisation de trois semaines avec des horaires stricts de coucher est nécessaire.

INSOMNIES ET SITUATIONS EXTRÊMES

Ce qu'il est habituellement courant d'appeler « situations extrêmes » correspond à des efforts physiques importants, de longue durée, effectués dans un environnement hostile et entraînant un rythme veille-sommeil particulier pouvant provoquer une privation de sommeil. Ces conditions se rencontrent souvent dans les domaines aéronautique, sportif et également militaire.

Insomnie et exploits sportifs

Le dernier exploit sportif en date est la traversée du Pacifique effectuée par Gérard d'Aboville que, malheureusement je n'ai pas interrogé. Il y a deux situations à distinguer dans l'aménagement des rythmes veille-sommeil des traversées marines de longue durée. Les traversées en solitaire ont pour seul but de traverser le Pacifique ou l'Atlantique, en tenant compte évidemment des conditions imposées par les éléments mais sans contrainte de temps. Un problème différent d'organisation du rythme veille-sommeil sera posé par un navigateur à la voile en compétition avec d'autres concurrents, et dont le but est non seulement de faire la course mais d'arriver premier au classement.

Dans le premier cas, le rythme veille-sommeil avec un temps de sommeil nocturne suffisant peut être plus facilement respecté ; dans le cas de la course, le navigateur devra utiliser un système de courtes siestes pour essayer de maintenir un temps de sommeil minimal sur vingt-quatre heures afin de conserver un niveau de performances suffisant. Ce sommeil fragmenté est assez facilement obtenu par ces sportifs, car ils se trouvent pratiquement toujours en dette de sommeil et l'endormissement est relativement facile. Titouan Lamazou, champion du monde de la navigation en solitaire, a expliqué ses nuits à bord lors de la course *Vendée Globe Challenge*. Il a pratiqué le plus possible un sommeil fragmenté avec vingt minutes de sommeil toutes les deux heures. Ceci lui a permis d'éviter une trop grande privation de sommeil et peut-être de réussir sa course.

Insomnie et vols spatiaux : comment dorment les astronautes ?

De nombreux facteurs physiques et psychologiques interviennent pour perturber leur sommeil.

Tout d'abord, la modification de la durée de l'alternance jour-nuit, qui dépend de l'altitude, au-dessus de la ceinture de Van Allen le cycle dure de quatre-vingts à cent trente minutes, à la surface de la lune il dure vingt-huit jours et cette alternance disparaît complètement lors des missions interplanétaires. D'autres facteurs physiques perturbent le sommeil tels que l'exiguïté de l'habitacle, le port de combinaisons pressurisées, les conditions d'apesanteur, la diminution de l'activité physique. Des facteurs psychologiques tels que l'isolement, la monotonie des tâches répétitives, peuvent également influencer les rythmes. Un sentiment de lassitude, de dépression peut se développer chez certains astronautes.

C'est à partir du programme américain Skylab, en 1973, que des enregistrements du sommeil ont été effectués sur les astronautes pendant les vols spatiaux. Lors des missions de courte durée, de cinq à dix jours, les astronautes sont synchronisés sur l'heure de base de départ. Certains sujets ont été obligés d'avoir recours à la prise d'hypnotiques, 19,4 % d'entre eux pour des vols effectués à une seule équipe.

Lors des missions de durée moyenne (quatre-vingt-quatre jours maximum) correspondant au programme Skylab en 1973, les modifications du sommeil observées pendant le vol peuvent être considérées comme mineures, les rythmes veille-sommeil terrestres ont été respectés, la gêne provoquée par la cohabitation a été réduite au maximum en séparant les zones de travail et les zones de repos. Des problèmes plus importants ont été observés lors de la réadaptation à la pesanteur au retour sur terre.

À l'inverse, des perturbations des rythmes circadiens avec d'importants décalages de phases ont été observées lors des missions soviétiques de longue durée, s'accompagnant d'une baisse du niveau des performances.

Quelle que soit la durée de la mission, des variations individuelles d'adaptation existent tout comme nous l'avons vu pour les problèmes de jet lag.

Actuellement, il semble que le maintien d'un rythme artificiel de vingt-quatre heures soit la meilleure solution pour obtenir un niveau de vigilance et de performance optimal. Les problèmes de gestion des rythmes veille-sommeil seront encore plus importants dans l'avenir avec l'allongement des séjours sur orbite et l'existence possible de bases lunaires habitées. La sélection des candidats devra tenir compte de leur capacité d'adaptation aux conditions d'apesanteur et de la facilité d'endormissement quelles que soient les circonstances. L'amélioration des connaissances des rythmes biologiques et du sommeil, les résultats des enregistrements des variations de vigilance des astronautes pourront aboutir à l'amélioration des conditions des vols spatiaux permettant l'amélioration des performances et la baisse de la fatigue des astronautes.

Insomnie et altitude

De nombreux patients se plaignent de ne pouvoir dormir en altitude lors de leurs vacances de neige. Il est vrai que la haute altitude, au-dessus de 4 000 mètres, entraîne un mauvais sommeil. Il est rare cependant que les stations de sport d'hiver soient au-dessus de 2 000 à 2 500 mètres. Quel est donc le rôle de l'altitude sur le sommeil ?

LA HAUTE ALTITUDE ENTRAÎNE UN MAUVAIS SOMMEIL

L'étude du sommeil en haute altitude a été faite grâce à des enregistrements polygraphiques en ambulatoire avec des cassettes lors d'expéditions, le plus souvent en Himalaya. La plainte d'insomnie des alpinistes a été vérifiée. Les enregistrements effectués au camp de base, c'est-à-dire vers 4 800 mètres, lors de l'expédition française effectuée par Christian Baillet dans la chaîne de l'Himalaya en 1989, montrent déjà une modification du sommeil. Le sommeil devient fragmenté avec une augmentation du nombre des éveils intrasommeil qui double par rapport au nombre constaté chez les mêmes personnes au niveau de la mer. On observe également une augmentation de la durée de ces éveils passant de vingt-huit minutes au niveau de la mer à cent vingt-trois minutes à 4 800 mètres.

Sur l'ensemble des enregistrements pratiqués en haute altitude, on constate généralement que le temps de sommeil total varie peu, mais le sommeil lent léger voit sa durée augmentée au détriment du sommeil lent profond et du sommeil paradoxal dont les durées diminuent. À 7 000 mètres, il y a très peu de sommeil, seulement une succession d'endormissements et de stades I et 2 suivis de réveils. Le sommeil ne s'approfondit jamais et on n'observe plus de sommeil paradoxal.

Des modifications respiratoires se produisent également au cours du sommeil, responsables des éveils, avec un sentiment de suffocation intense et une respiration très rapide. En effet, les enregistrements montrent l'existence de ce que nous appelons une respiration périodique. En altitude, elle est très particulière : on observe trois ou quatre respirations suivies d'un arrêt respiratoire de dix secondes, ce qui constitue une apnée. Cette apnée correspond à un arrêt des flux aériens mais également des mouvements respiratoires, puis la respiration reprend et le cycle recommence. L'importance de cette respiration périodique varie avec les individus. Les réveils nocturnes nombreux en altitude constitueraient un remède à ces troubles respiratoires, puisque pendant la veille, la respiration est régulière. Les apnées entraînent une baisse de la quantité d'oxygène dans le sang, les réveils nocturnes redonnent au sang un taux d'oxygène correct, empêchant ainsi les complications pulmonaires et cérébrales qu'entraînerait une hypoxie d'altitude.

Les hypnotiques sont couramment utilisés dans les expéditions en haute altitude ; leur emploi doit être très contrôlé, car du moins certains d'entre eux ont une action inhibitrice sur les centres nerveux respiratoires et peuvent par conséquent provoquer une augmentation du nombre et de la durée des apnées.

AU-DESSOUS DE DEUX MILLE CINQ CENTS MÈTRES

À ces altitudes moyennes, la plainte insomniaque n'est sans doute pas un effet intrinsèque de l'altitude. Certains patients se plaignent de ne pouvoir dormir au bord de la mer ! La plainte qui est réelle, s'apparente plus à une insomnie réactionnelle due à une modification du milieu environnant, des habitudes de vie, de l'activité musculaire, qu'à un effet spécifique de l'altitude.

Cette insomnie se traite de la même façon que les autres insomnies transitoires.

4 Les parasomnies

Le sommeil peut être écourté, sa structure modifiée, il peut se fragmenter par de nombreux éveils nocturnes mais d'autres manifestations indésirables peuvent survenir au cours de la nuit et perturber le sommeil. On les désigne sous le nom de parasomnies. Elles peuvent être purement motrices ou avoir une signification psychologique.

Le sursaut d'endormissement

La plus banale de ces manifestations est le « sursaut d'endormissement » qui est un phénomène physiologique se situant à l'endormissement, et caractérisé par une secousse musculaire massive qui s'accompagne même d'un petit cri ou d'un gémissement pouvant réveiller le conjoint. Il correspond souvent à une réaction d'évitement d'un obstacle imaginaire. Si le sujet se réveille, il décrit facilement la scène, sans angoisse.

Le syndrome des jambes sans repos

Ce phénomène est beaucoup plus gênant. Il se caractérise par des impatiences parfois douloureuses des membres inférieurs qui surviennent dès que le patient est immobile, assis, souvent quand il regarde la télévision, ou couché dès qu'il se met au lit. Ces sensations désagréables l'empêchent de rester immobile, le patient se lève, marche, ce qui est bien évidemment générateur d'insomnie.

À ces sensations à l'endormissement s'associent souvent pendant le sommeil des mouvements brefs d'une à deux secondes, des pieds ou des membres inférieurs, qui se répètent toutes les dix à trente secondes dans le sommeil lent léger. Ces épisodes durent une quinzaine de minutes et peuvent se reproduire pendant la nuit, chaque mouvement produisant un allègement du sommeil ou même un éveil bref. La figure 3 montre l'hypnogramme d'une nuit d'un patient présentant un syndrome des jambes sans repos et confirme la mauvaise qualité de la nuit.

On retrouve des cas familiaux, ce qui suggère une transmission héréditaire.

Il ne faut pas hésiter à consulter son médecin qui demandera une confirmation du diagnostic par un enregistrement polysom-

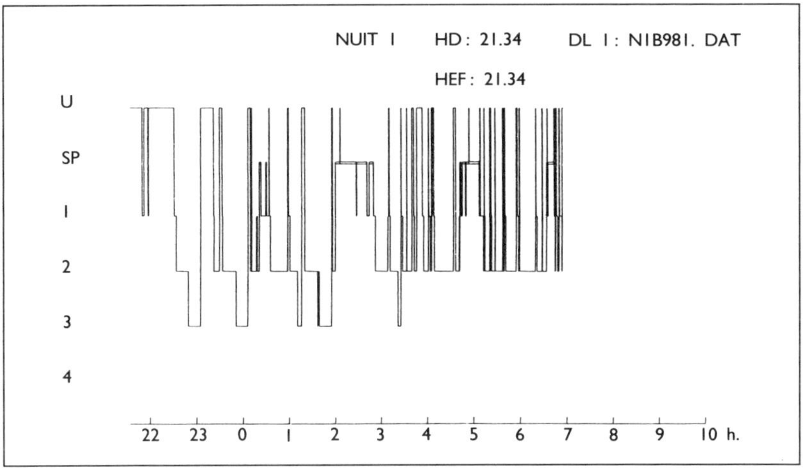

Figure 3 Hypnogramme d'une patiente présentant un syndrome des jambes sans repos.
On constate une dysomnie majeure avec difficulté d'endormissement et de très nombreux éveils nocturnes au cours desquels les impatiences des membres inférieurs se manifestent. On remarque cependant que les phases de sommeil paradoxal apparaissent régulièrement au cours de la nuit.

nographique. De nombreux médicaments, en particulier les dérivés de la morphine, peuvent apporter une nette amélioration et permettre un endormissement facile.

Le bruxisme ou grincement de dents

Il est caractérisé par des mouvements rythmiques des mâchoires et un frottement audible des dents, qui surviennent dans le stade 2, ne réveillent pas le dormeur mais le conjoint, et peuvent entraîner des dégâts dentaires importants. On l'observe à tous les âges mais essentiellement chez l'enfant et l'adolescent.

Le jactatio capitis

Sous ce nom barbare se cache une manifestation très particulière, observée le plus souvent chez l'enfant ou l'adolescent immature. Il s'agit d'un balancement de gauche à droite de la tête et du cou, rythmique, assez rapide, environ deux mouvements par seconde, que l'on observe par accès d'une minute, lors de l'endormissement. L'origine psychologique est souvent reconnue et, bien que peu gênant, il est conseillé d'aider l'enfant. Nous reviendrons sur ces rythmies dans le chapitre consacré à l'enfant (p. 56).

Le somnambulisme

C'est la plus connue des parasomnies, car les humoristes se sont emparés de l'image du patient en bonnet de nuit, en équilibre sur un toit, les bras tendus. On a longtemps cru qu'il correspondait à une activité onirique. En fait, il n'en est rien car les enregistrements polygraphiques ont pu montrer que ces manifestations avaient lieu en début de nuit, au cours du sommeil lent profond où l'activité onirique est assez rare. L'intensité des manifestations est plus variable allant d'épisodes brefs où le patient se redresse dans son lit, émet des paroles incompréhensibles et se rendort, à des activités très complexes dont la finalité n'est pas évidente. Le somnambule durant ses déambulations a les yeux ouverts, un regard figé. La grande caractéristique de l'accès de somnambulisme est l'oubli complet le lendemain matin, le somnambule est très étonné par le récit de ses activités.

Ces accès peuvent être dangereux à cause des accidents très fréquents qu'ils entraînent. En effet, toutes les précautions prises par le patient (bassine d'eau, ficelle attachée au corps...) se révèlent inefficaces, le patient déjouant les obstacles.

Les causes du somnambulisme sont encore mal connues, mais il existe des familles où les cas sont fréquents et une prédisposition héréditaire est très vraisemblable. Avec l'âge, le somnambulisme disparaît le plus souvent. S'il persiste chez l'adulte, cela traduit certaines particularités psychologiques. Une agressivité et une impulsivité sont souvent constatées.

Chez l'enfant, quelques règles de sécurité suffisent, en évitant de réveiller l'enfant pendant l'accès, ce qui pourrait provoquer confusion et angoisse. En revanche, chez l'adulte, il sera toujours nécessaire d'effectuer un bilan psychologique et médical.

Le plus souvent, aucun traitement n'est nécessaire chez l'enfant. Une aide psychologique pourra lui être apportée, même si aucun stress apparent n'existe. Si les épisodes sont particulièrement fréquents, intenses ou dangereux, il faudra consulter un médecin.

Un enregistrement polygraphique nocturne pourra être demandé parfois pour différencier ces épisodes de somnambulisme de crises épileptiques nocturnes.

Les terreurs nocturnes

Elles s'observent le plus souvent chez l'enfant de 4 à 12 ans, plus fréquemment chez les garçons, et il existe également une certaine incidence familiale ; elles disparaissent généralement à l'adolescence.

Ces accès de terreurs nocturnes sont très impressionnants pour l'entourage. Ils se caractérisent par un éveil brutal associé à un cri d'effroi. L'enfant est couvert de sueur, présente une respiration irrégulière, une accélération du rythme cardiaque et une horripilation. Son comportement exprime une frayeur intense, comme quelqu'un d'halluciné. Tant que la confusion persiste, il est impossible de rentrer en contact avec l'enfant. Le plus souvent, l'enfant se rendort ; s'il se réveille, il manifeste une grande anxiété, mais au matin aucun souvenir ne subsiste.

Ces événements ont lieu dans le sommeil lent profond, généralement en début de nuit. C'est un phénomène assez fréquent puisqu'une étude, réalisée aux Etats-Unis, indique que des épisodes de terreurs nocturnes surviennent chez 1 à 3 % des enfants de 5 à 12 ans.

Si ces épisodes sont sans gravité chez l'enfant, par contre, chez l'adulte, ils sont la traduction d'une grande anxiété et une psychothérapie pourrait aider le patient à découvrir et à régler certains conflits parfois inconscients.

L'énurésie ou « pipi au lit »

Comme elle survient essentiellement chez l'enfant, l'énurésie sera envisagée dans le chapitre du sommeil de l'enfant.

Nous voyons que, pendant le sommeil, les problèmes psychologiques, souvent inconscients, que présente le patient peuvent se révéler par des manifestations étranges qui troublent le sommeil et peuvent aboutir à des insomnies. Tout comme le rêve, celles-ci sont des fenêtres sur l'inconscient qui, malgré leur caractère gênant, peuvent constituer une aide à l'approche de l'individu et de ses problèmes.

5 *Insomnie occasionnelle et chronique*

INSOMNIE OCCASIONNELLE

Ce type d'insomnie est très fréquent. Chacun d'entre nous en a fait l'expérience au cours de son existence. Il est réactionnel à une situation particulière.

Dormir dans un cadre inhabituel peut perturber le sommeil, c'est souvent ce qui se passe en vacances, lors d'une hospitalisation ou lors de la première nuit d'enregistrement. Le dormeur est sorti de son aire transitionnelle, il se sent en insécurité et a du mal à trouver le sommeil.

Ce type d'insomnie peut survenir lors d'une modification de la situation professionnelle, sociale ou familiale. Un choc affectif, un deuil, l'attente d'un événement important, même agréable, peuvent perturber le sommeil.

Ces perturbations surviennent chez des sujets n'ayant jamais eu de troubles du sommeil et qui dorment habituellement très bien. La relation avec la cause déclenchante est évidente. Le symptôme le plus fréquent est une difficulté d'endormissement mais il peut exister également des éveils nocturnes. La durée du trouble est variable, fonction de l'importance de l'événement causal mais également de la personnalité du sujet et de ses capacités à réagir et à s'adapter aux situations nouvelles. Ce type d'insomnie serait plus sévère chez les sujets vulnérables aux stress.

D'autres circonstances peuvent entraîner ce type d'insomnie.

La prise de certaines médications, comme les hormones thyroïdiennes, la théophylline, les corticoïdes, peut modifier le sommeil. Le médecin doit toujours prévenir le patient lors de la prescription et les effets, généralement, s'atténuent rapidement.

Certaines maladies peuvent par leurs conséquences nuire au sommeil : une douleur, une toux pénible réveillent le patient et l'empêchent de se rendormir, un besoin fréquent d'uriner chez un homme atteint de maladie de la prostate sera la cause également de réveils nocturnes.

Une hygiène alimentaire correcte est le garant d'un bon sommeil. Des recherches très poussées étudient les liens entre sommeil et alimentation. Toute substance psychostimulante prise après 17 heures va perturber le sommeil comme par exemple le thé, le café, les coupe-faim qui sont le plus souvent des substances voisines des amphétamines. Il existe une susceptibilité individuelle très variable à ces substances. Il a été montré que deux tiers de la population seulement est sensible aux amphétamines, avec une impossibilité de s'endormir jusqu'à 4 heures du matin suivie, d'un sommeil fragmenté, alors que l'autre tiers de la population est complètement insensible. Ces différences de sensibilité expliqueraient les effets très variables d'une tasse de café, catastrophique pour l'un, même prise à midi alors que d'autres personnes l'utilisent comme tisane pour s'endormir.

L'alcool a également des effets variables suivant les individus, véritable somnifère (non conseillé) pour les uns, il peut provoquer des réactions d'excitation, empêchant le buveur de trouver le sommeil. Un repas copieux bien arrosé aura des effets aussi variables. Il est évident qu'une digestion difficile n'est pas à imposer à une personne voulant s'endormir.

Le sommeil peut également être perturbé par les conditions de l'environnement : les bruits de la rue et de la circulation, ceux des voisins...

Quels sont les effets du bruit sur le sommeil et quels en sont les limites supportables ?

L'intensité de la plainte dépend plus du contexte psychologique que du nombre de décibels !

Cependant, de nombreuses études ont été faites sur l'influence du bruit du trafic routier sur le sommeil. Les perturbations du sommeil rencontrées sont proportionnelles à l'intensité et à la fréquence des bruits. On constate des perturbations allant de modifications minimes de la structure du sommeil à des éveils nombreux et prolongés.

Un élément important est que lors d'expositions répétées au bruit dans une ambiance de laboratoire, hors du contexte psychologique, on constate une habituation subjective rapide, alors que les modifications cardio-vasculaires persistent. Il y a donc une discordance entre la sensation de devenir moins sensible à l'environnement sonore et le maintien des réponses végétatives au bruit. Certaines études ont montré la persistance des perturbations du sommeil chez des personnes vivant depuis six ans aux environs d'un aéroport. En fait, dans la réalité, les bruits nocturnes s'ajoutent à ceux qui ont été supportés dans la journée. Des travaux ont étudié l'effet des bruits diurnes sur le sommeil nocturne au cours de la nuit suivante. On constate une instabilité plus grande du sommeil et une modification des pourcentages des stades de sommeil, en particulier du sommeil paradoxal.

Les effets du bruit varient en fonction de l'âge. Le sommeil de l'enfant est moins perturbé que celui de l'adulte. Chez les personnes âgées, à l'effet propre du bruit s'ajoute la gêne créée par la difficulté à s'endormir après un éveil nocturne. Chez les nourissons ayant souffert au cours de la période néonatale, on constate une hyperréactivité au bruit. Enfin, chez les enfants souffrant de parasomnies telles que somnambulisme, terreurs nocturnes ou cauchemars, celles-ci peuvent être déclenchées par des bruits nocturnes.

La température ambiante est également un élément qui peut perturber le sommeil lorsqu'elle s'écarte trop de la zone de confort thermique. Des températures trop élevées ou trop basses perturbent le sommeil de façon similaire, avec cependant de grandes différences interindividuelles. On observe, en particulier, aussi bien sous l'effet de la chaleur que du froid une diminution du sommeil paradoxal. Il a également été montré que l'exposition à des températures élevées dans la journée modifie la structure du sommeil la nuit suivante, en augmentant le sommeil lent profond, si l'intervalle de temps entre l'exposition à la chaleur et le début du sommeil n'excède pas cinq heures.

Pendant le sommeil, même inconsciemment, l'individu reste sensible aux conditions physiques de son environnement.

Que faire pour supprimer ces insomnies passagères ? Faut-il consulter ?

Normalement, ce type d'insomnie, comme son nom l'indique, est transitoire, de quelques jours à trois semaines. Son lien causal étant pratiquement évident, elle disparaît avec la cause. Il faut cependant s'assurer que l'insomnie n'est pas un épisode initial d'une affection psychiatrique.

L'initiation au sommeil nécessite un environnement favorable. Protéger son environnement, avoir une hygiène alimentaire correcte sont des actes essentiels, mais aucune règle ne peut être édictée, chaque événement apportant une part de plaisir et d'inconvénient.

Le plus souvent, ces insomnies transitoires disparaissent avec l'absence ou l'atténuation de la cause. Le manque de sommeil occasionnel n'est pas préjudiciable et est rapidement récupéré. Cependant, il faut éviter que ce trouble passager ne s'installe et ne devienne chronique.

Si la cause peut être rapidement éliminée, tout rentre dans l'ordre spontanément. Mais pourquoi souffrir inutilement ? Dans le cas par exemple de la perte d'un être cher, un travail de deuil devra être fait, et il est inutile d'ajouter à la douleur affective une douleur due à l'insomnie. Une prescription sera envisagée par un médecin qui pourra juger de la nature du médicament le mieux adapté. Ce ne sera pas forcément un hypnotique, c'est-à-dire une substance qui induit le sommeil, mais peut-être être un anxiolytique qui diminuera l'état de stress ou un myorelaxant. De toute façon, la prescription devra être de courte durée afin que les effets bénéfiques attendus ne soient pas annulés. En effet, une prescription prolongée pérenniserait un état de dépendance vis-à-vis du médicament avec tendance à la chronicisation d'une insomnie au départ passagère.

INSOMNIE CHRONIQUE

Une insomnie chronique correspond à un trouble installé depuis plusieurs mois et même plusieurs années. Cette insomnie peut être associée à d'autres troubles : des parasomnies, des troubles du rythme circadien, des troubles psychiatriques ou à une maladie organique entraînant douleurs et gênes fonctionnelles. Cette insomnie est appelée insomnie secondaire et plus que l'insomnie, c'est la cause qu'il faudra traiter.

À l'inverse, l'insomnie chronique est qualifiée de primaire si elle est le seul symptôme dont se plaint le patient. La classification internationale des troubles du sommeil, établie en 1990, distingue, dans ces insomnies chroniques, trois types.

Tout d'abord, l'insomnie liée à une mauvaise perception du sommeil. Il s'agit de patients dont la plainte est importante, bien qu'elle soit souvent contestée par l'entourage et le conjoint. La polygraphie chez ces patients ne montre que peu ou pas de troubles du sommeil avec, en particulier, un temps de sommeil total suffisant. Ces patients ne sont pas des simulateurs comme on l'a cru, mais ils ont une mauvaise appréciation des états de veille et de sommeil. Il est souvent difficile de les convaincre qu'ils ont dormi même en leur montrant les résultats objectifs d'une nuit d'enregistrement. La prise en charge de ces patients est difficile mais il est certain qu'il faut éviter toute consommation d'hypnotique.

Le deuxième type d'insomnie chronique est ce que l'on appelle, pompeusement peut-être, l'insomnie idiopathique. Ce sont des patients qui ont toujours mal dormi. Il est difficile d'apprécier leur temps de sommeil idéal car dès l'enfance leur sommeil était perturbé. Ce ne sont pas des petits dormeurs constitutionnels, car ces patients se plaignent de leur sommeil.

Enfin, le troisième type d'insomnie chronique, le plus courant, est l'insomnie que l'on appelle psychophysiologique car elle ne s'accompagne d'aucun trouble médical ou psychiatrique mais est associée à un état de tension et d'anxiété. Chez ces patients, il est possible de retrouver une période antérieure où ils dormaient correctement, et donc de déterminer quel serait leur temps de sommeil idéal. Il peut s'agir de gros ou de petits dormeurs et, souvent, le début des troubles est lié à un événement traumatisant, à une période déterminée difficile. Pour les femmes, cela peut être à la suite d'un accouchement et des contraintes qui en découlent.

Il est parfaitement normal qu'un état de stress entraîne des troubles du sommeil, mais le sommeil devrait redevenir normal avec le retour aux conditions habituelles. Cependant, chez certains patients, les troubles du sommeil persistent, il s'agit d'une association entre l'insomnie et les conditions environnantes liées au coucher, ce que l'on qualifie de « conditionnement négatif » aux situations extérieures ; ou bien il peut se développer une crainte de ne pas dormir après l'extinction de la lumière, il s'agit alors d'un conditionnement négatif interne. Cette peur de ne pas dormir peut entraîner une réaction phobique vis-à-vis de tous les signes associés au rituel du coucher. En effet, ces patients s'endorment facilement alors que le sommeil n'est pas recherché, en particulier hors de chez eux, au cinéma ou devant la télévision. Par conséquent, ces patients reculent de plus en plus l'heure du coucher car plus le sommeil est désiré, plus il devient impossible.

La personnalité de ces patients est souvent peu différente de celle des sujets de contrôle.

On peut constater certains signes pathologiques à un examen psychologique approfondi, comme une tendance à repousser ou à éviter les situations émotionnelles, ces signes régressent lorsque l'insomnie est traitée efficacement par des méthodes de relaxation. Donc ces troubles de la personnalité pourraient être la conséquence et non la cause de l'insomnie. L'anxiété qui se développe dans la journée n'est pas propice à la relaxation que nécessite l'endormissement. Or la vie citadine est riche en situations de stress : transports longs, contraintes professionnelles et familiales, environnement bruyant. Certaines personnes particulièrement anxieuses ne peuvent plus trouver un équilibre psychologique dans cet environnement trop hostile et l'insomnie est un signal d'alarme.

6 Troubles du sommeil de l'enfant et de l'adolescent

Le rituel du coucher

Nous avons vu pour l'adulte que les conditions d'endormissement sont importantes ; ceci est encore plus évident chez l'enfant.

Les rituels du coucher sont primordiaux, mais aucune règle ne peut être édictée. Chaque enfant développe, avec l'aide de ses parents, des habitudes de coucher qui lui sont propres. Certains enfants s'endorment seuls dans leur lit et dans leur chambre, d'autres dorment à plusieurs dans une seule chambre et même dans le même lit. Certains ont besoin de calme, d'autres s'habituent à des bruits divers : bruits de circulation, d'avions, éventuellement d'un climatiseur. Certains disent bonsoir et vont se coucher seuls, d'autres ont besoin d'écouter une histoire, de discuter, de raconter les événements de la journée. Des objets peuvent faire partie du rituel d'endormissement : une peluche, un vieux mouchoir, une couverture. Ces objets deviennent des « objets transitionnels » qui ne quittent pas l'enfant et lui procurent un sentiment de sécurité. Un environnement rassurant doit être créé afin de pallier l'angoisse du coucher, liée chez l'enfant à une séparation. Il faut donc que ce moment soit un moment agréable, associé à des habitudes. L'heure du coucher sera fixe, des activités toujours identiques seront prévues (mettre le pyjama, se laver les dents...). L'enfant doit sentir avec plaisir qu'il est l'heure d'aller au lit.

Les pleurs à l'endormissement et pendant la nuit

Beaucoup de parents, et surtout les mères, deviennent insomniaques après la naissance d'un enfant. Celui-ci pleure la nuit, la maman inquiète se réveille, se lève et ne peut plus se rendormir. Il faut à tout prix éviter ce cercle vicieux, le plus tôt possible.

Il est des cas où les pleurs de l'enfant sont dus à une cause organique : colique, fièvre, etc ; ils disparaîtront avec la guérison. Mais, les pleurs au coucher ou pendant la nuit peuvent être dus à de mauvaises associations qui se sont faites avec l'endormissement dès l'arrivée du bébé dans la maison. Certains parents prennent l'habitude de bercer l'enfant ou de s'allonger à côté de lui pour l'endormir. C'est une solution de facilité provisoire, qui peut avoir des conséquences dramatiques. En effet, l'enfant normalement se réveille dans la nuit, lors d'un changement de stade de sommeil par exemple, il ne retrouve pas alors les conditions habituelles d'endormissement. Remplacer le bercement par une présence de plus en plus courte, remplacer la présence par une veilleuse qui évite de laisser l'enfant dans le noir. Lors des pleurs nocturnes, il faut éviter d'intervenir trop rapidement, ce que font beaucoup de parents anxieux. L'enfant doit apprendre à s'endormir seul dans son lit. S'il pleure, il faut le laisser pleurer un temps supportable pour la famille et les voisins et augmenter progressivement ce temps avant d'aller voir l'enfant quelques minutes pour le rassurer. Cette méthode est efficace et il est rare qu'après une ou deux semaines, l'enfant n'ait pas appris une nouvelle façon de s'endormir dans le calme. Il est souvent plus dur pour un parent de laisser pleurer son enfant sans se culpabiliser, que pour l'enfant d'apprendre à s'endormir dans le calme.

Que faire lorsqu'un enfant se réveille la nuit lors d'un cauchemar ?

Terreurs nocturnes et somnambulisme ont été traités dans le cadre des parasomnies, bien que ce soient des manifestations qui surviennent essentiellement chez l'enfant.

Le cauchemar est un rêve effrayant qui, le plus souvent, réveille l'enfant. Il se produit au cours du sommeil paradoxal. Comme tous les rêves, il est en rapport avec la vie du sujet et reflète des conflits souvent inconscients. Il est fréquent de 3 à 6 ans car l'enfant doit faire face à de nombreux problèmes : problème de maturation, problème d'ordre affectif, apparition des pulsions sexuelles. De 7 à 11 ans, les cauchemars fréquents sont plus rares mais ils réapparaissent souvent au moment de la puberté avec l'émergence de nouveaux conflits liés à l'adolescence. Il faut savoir que l'apparition de cauchemars est un phénomène normal au cours de la croissance.

En général, le cauchemar réveille l'enfant qui pleure et appelle ; il a besoin la nuit d'être rassuré, de sentir une présence. Si les cauchemars sont fréquents, il devient nécessaire le jour de parler avec l'enfant pour essayer de trouver et de résoudre ses problèmes. Souvent une discussion et une bonne communication avec les parents sont suffisantes. Si les cauchemars persistent et surviennent de façon trop fréquente, il faudra consulter un spécialiste qui pourra aider à débrouiller les problèmes qui angoissent l'enfant, même et surtout si les parents sont intimement impliqués dans leur genèse.

Les rythmies de la tête et du corps : jactatio capitis

Il s'agit d'un balancement rythmique de la tête et parfois de l'ensemble du corps qui survient le plus souvent lors de l'endormissement ou après des éveils nocturnes.

Ces mouvements rythmiques apparaissent vers les six mois, s'observent assez fréquemment mais, le plus souvent, disparaissent vers l'âge de trois ans. Chez le nourrisson et le jeune enfant, ces mouvements n'ont pas de signification pathologique ; il faut simplement veiller à ce qu'il ne se fasse pas mal contre les montants du lit, essayer de rassurer l'enfant au moment du coucher.

Si, par contre, ces rythmies apparaissent plus tardivement, sont importantes et persistent chez l'enfant plus âgé, elles peuvent être le signe de désordres neurologiques ou psychiatriques.

Qu'est-ce que l'énurésie ?

L'énurésie est une incontinence nocturne. La propreté nocturne s'acquiert, au plus tard, vers 3 ou 4 ans mais avec une grande variabilité suivant les enfants. Certains bébés sont propres la nuit avant l'âge d'un an, mais c'est rare ; à deux ans et demi, la moitié des enfants sont propres. L'énurésie est un phénomène assez fréquent puisque 15 % des enfants de cinq ans et 5 % des enfants de dix ans mouillent leur lit. Ce phénomène se poursuit parfois jusqu'à l'adolescence où il existe encore 1 % de jeunes énurétiques avec un plus fort pourcentage pour le sexe masculin, 60 % des enfants énurétiques sont des garçons. L'énurésie disparaît le plus souvent à la puberté.

Ce problème gêne plus l'enfant que la famille. Celui-ci ne veut plus aller en pension ou en vacances en collectivité, il a peur de dormir chez des amis et il en arrive à repousser le sommeil. Il s'ensuit un sentiment de honte, de souffrance qui peut avoir des conséquences importantes sur son développement affectif.

Plusieurs facteurs sont à l'origine de l'énurésie. Il faut distinguer l'énurésie primaire qui se manifeste chez un enfant n'ayant jamais été propre et qui le plus souvent n'a pas de causes médicales, d'une énurésie secondaire. Celle-ci survient après une longue période où l'enfant a été propre et souvent des causes médicales sont impliquées. De toute façon, toute cause médicale devra être éliminée avant d'essayer de traiter une énurésie.

L'acquisition de la propreté se fait progressivement et dépend de nombreux facteurs. La maturation tout d'abord avec l'augmentation de la taille vésicale et l'acquisition de la maîtrise du sphincter vésical, l'éducation et le rôle des parents sont primordiaux. Des enfants deviennent énurétiques à la naissance d'un frère ou d'une sœur. L'énurésie traduit un problème psychologique dont il faut s'occuper.

Que faire devant un enfant énurétique ?

L'enfant est suffisamment gêné par le fait d'avoir mouillé son lit, sans qu'il soit nécessaire d'ajouter punitions et remontrances. Cependant, il ne faut pas non plus que le problème passe inaperçu.

L'éducation de la propreté doit être très progressive et se faire dans un climat de confiance familiale. Il faut responsabiliser l'enfant énurétique, en lui demandant de changer seul son pyjama et éventuellement, à partir de 7 ans, ses draps. Ce comportement ne doit pas correspondre à une attitude punitive mais au contraire, doit donner à l'enfant un sentiment de coopération. Il faudra que l'enfant note, éventuellement par un dessin, les « nuits sèches » qui pourront être récompensées. Une restriction hydrique partielle est souhaitable après 18 heures. Il est essentiel d'éviter de faire du problème énurétique un problème familial et une honte pour l'enfant chez qui se développe une peur de s'endormir et une insomnie.

Si l'énurésie persiste, il est recommandé de faire appel à une aide extérieure, pédiatre ou pédopsychiatre, afin que l'enfant ne se culpabilise pas et ne se sente pas honteux de cette situation.

On peut également éduquer l'enfant pendant la journée à retenir son urine et à commander le début et l'arrêt du jet d'urine.

L'utilisation du « pipi-stop » est plus courante en Amérique qu'en Europe. C'est un système placé dans le lit, sans danger, et qui sonne si l'enfant mouille ses draps. Le principe est basé sur un conditionnement qui vise à associer les sensations liées à l'envie d'uriner, au réveil. Il faut être très persévérant pour obtenir des résultats.

Un traitement médicamenteux consistant en l'utilisation de substances antidépressives n'est pas souhaitable chez l'enfant. Le problème sera à reconsidérer si l'incontinence persiste à l'adolescence, ce qui est rare.

Que faire devant un enfant insomniaque ?

L'insomnie grave chez l'enfant tout petit est rare. Si un enfant crie toute la nuit ou reste apathique dans son berceau, les yeux ouverts, il est probable que ce comportement correspond à des troubles neurologiques ou psychiatriques. En revanche, chez l'enfant plus grand, de plus de 7 ans, l'insomnie à la même signification que celle de l'adulte ; elle peut correspondre à un état de stress associé à des échecs scolaires, sentimentaux ou à des difficultés familiales telles que naissance d'un deuxième enfant ou divorce des parents.

Il ne faut pas laisser s'installer une insomnie ; l'insomnie est à la vie psychique, ce que la fièvre est à la vie organique. On ne traite pas une montée de température avant d'en connaître la cause, il en est de même pour l'insomnie. Le premier traitement est la compréhension et le dialogue.

Je citerai le cas d'un adolescent de 15 ans amené à la consultation par son père, un homme d'une quarantaine d'années, très serein. Ces deux hommes vivaient ensemble. Le fils était un élève brillant en classe de première, véliplanchiste confirmé. Le père l'emmenait sur sa demande, tous les quinze jours, en week-end dans une petite maison qu'il avait en Normandie. Ce garçon dormait très peu, au maximum quatre heures, et ne se plaignait d'aucune fatigue. Le médecin consulté avait prescrit du Théralène®, mais avant tout traitement, ils étaient venus me voir.

Au premier abord, le fils se montre très ouvert, heureux de vivre. S'agissait-il d'un réel petit dormeur constitutionnel ? À l'interrogatoire cependant, il me dit que ce sommeil écourté est récent, depuis environ une année, date à laquelle le père a abandonné toute activité sportive. Le fils m'avoue alors que cet abandon l'a beaucoup inquiété, et que depuis il s'est développé en lui une peur de vieillir parallèlement à l'insomnie, avec une très forte identification au père.

Il est évident qu'aucun traitement médicamenteux n'a été donné à l'adolescent et qu'une psychothérapie, d'ailleurs assez courte, a été efficace.

Un traitement médicamenteux est rarement bénéfique chez un enfant qui dort mal. Pourtant, on voit souvent des enfants à qui les parents donnent, souvent avec prescription médicale, du Valium®, du Théralène® ou même du Gardénal®. On peut même observer une réponse paradoxale au traitement, l'enfant devient irritable, agité et évidemment ne dort pas mieux. Même si l'enfant dort mieux, l'effet des ces thérapeutiques est de courte durée et peut modifier la vigilance et l'humeur de l'enfant pendant la journée. Une approche psychologique sera beaucoup plus efficace et permettra de redonner à l'enfant un sommeil correct en traitant la cause du mauvais sommeil.

Quelles sont les particularités des troubles du sommeil chez les adolescents ?

Il existe en France quelques enquêtes épidémiologiques qui nous donnent des renseignements sur le sommeil des adolescents. Ces enquêtes ont été faites soit chez les garçons de 17 à 22 ans des centres de sélection de l'armée, soit chez des jeunes de 14 à 20 ans scolarisés dans des lycées ou collèges d'enseignement général, professionnel et agricole.

Un jeune sur trois se plaint de son sommeil. Cette proportion n'est que de 25 % à 14 ans et s'élève à 39 % à 19 ans.

Cette insatisfaction du sommeil est corrélée avec une envie de dormir dans la journée, une fatigue au lever, une difficulté à s'endormir le soir, une plainte d'un temps de sommeil total insuffisant et à la présence de réveils nocturnes.

Il faut noter l'importance de la fatigue qui est un symptôme ressenti par beaucoup de jeunes, quelle que soit l'étude épidémiologique considérée. Cette fatigue est indifféremment ressentie par les filles et les garçons. Elle augmente avec l'âge, et elle est plus fréquente chez les élèves du cycle long, particulièrement ceux de première et de terminale. Cette fatigue n'est pas corrélée à une diminution du temps de sommeil. L'étude faite dans le Val-de-Marne donne une moyenne de temps de sommeil total pour l'échantillon considéré d'environ huit heures, avec seulement 8,3 % de sujets dormant moins de sept heures et 7,4 % plus de dix heures. Le temps de sommeil diminue régulièrement avec l'âge. De 14 à 19 ans, il passe de huit heures trente-six à sept heures trente-six, et après 19 ans il évolue peu.

Parmi les causes invoquées par les jeunes influençant la qualité du sommeil et de la forme pendant la journée, les facteurs affectifs sont très importants. Les disputes, les soucis influencent la qualité de la nuit chez une proportion importante de jeunes, 80 % de garçons et 91,5 % de filles. Les difficultés scolaires jouent également un rôle considérable, 41,9 % de garçons et 59,2 % de filles se plaignent de moins bien dormir avant un contrôle. Les conditions d'environnement, telles que le bruit, les rythmes de vie et en particulier l'heure tardive du coucher ou le travail scolaire après le repas du soir paraissent influencer la qualité du sommeil mais de façon moins prépondérante.

Il existe une différence entre les garçons et les filles. Pour ces dernières, les conditions psycho-affectives sont primordiales.

Les troubles du sommeil tels que difficultés d'endormissement, éveils nocturnes ou réveils précoces sont fréquents chez les jeunes : 27 % des jeunes de 17 ans ont du mal à s'endormir, 14 % se réveillent de façon trop précoce. Les difficultés d'endormissement, d'après l'enquête effectuée dans la région de Lyon, semblent associées à une baisse de la durée du sommeil pendant les périodes scolaires. En effet, il existe une importante différence entre le temps de sommeil des jours scolaires et celui des fins de semaines et des vacances. Pour 70 % des garçons et pour 76 % des filles, la durée de sommeil en semaine est inférieure à celle des vacances d'une à cinq heures ; d'une heure pour 24 % d'entre eux ; de deux heures pour 26 % et de plus de trois heures pour 25 %.

Ces quelques données montrent l'importance des troubles du sommeil chez les adolescents et la nécessité de les prendre en compte. Une première attitude est de faire prendre conscience aux jeunes de l'importance du sommeil. Si en période de vacances, il est difficile et même peu recommandé d'imposer un rythme rigide à un adolescent, en revanche, en période scolaire, une discipline s'impose afin d'éviter une privation de sommeil néfaste, responsable de la fatigue souvent rencontrée. Une collaboration entre adolescents, parents, responsables scolaires serait bénéfique afin d'éviter certaines erreurs telles qu'une surcharge de travail certains jours, un coucher très tardif dû à l'usage immodéré de la télévision.

Les difficultés que rencontrent les jeunes au moment de l'adolescence sont souvent responsables de troubles du sommeil. Il sera souvent souhaitable de bénéficier de l'intervention d'un médecin ou d'un psychologue pour aider le jeune au cours de cette période difficile afin de ne pas laisser s'installer un trouble du sommeil, qui deviendra chronique chez l'adulte.

Je vois encore à la consultation des patients chez qui la prise de somnifère remonte à l'enfance. Sauf cas très précis (douleur intense, choc affectif) où une prescription de courte durée pourra être faite par un médecin, on ne doit pas administrer de somnifère à un enfant sain.

7 Troubles du sommeil des personnes âgées

Comment évolue le sommeil avec l'âge ?

En dehors de toute plainte insomniaque, c'est une évidence de dire qu'on ne dort pas de la même façon à 15 ans et à 70 ans. Les jeunes font souvent la « grasse matinée », les grand-mères se lèvent tôt. Le vieillissement s'accompagne d'une modification physiologique du sommeil.

La première modification est le temps passé au lit qui augmente chez les personnes âgées, elles tendent à rester couchées même si elles ne dorment pas, à s'y reposer pendant la journée. Sur vingt-quatre heures, le temps passé au lit dans une population de 65 à 95 ans est de onze heures cinquante-six minutes chez les hommes et de onze heures quarante-deux minutes chez les femmes.

Une autre modification importante du sommeil avec l'âge est la tendance à la fragmentation du sommeil par des éveils nocturnes, c'est-à-dire la diminution de la capacité à rester endormi. La durée totale des éveils nocturnes est de cinq à dix-neuf minutes chez le sujet jeune contre une à deux heures chez le sujet âgé et la durée moyenne de ces éveils augmente également avec l'âge. Elle passe d'une minute à cinq-dix minutes chez le vieillard.

Cependant, il n'y a pas de modification de la capacité à s'endormir le soir, ni de la durée totale de sommeil qui change peu avec l'âge. Les personnes âgées restant plus longtemps au lit, l'efficacité du sommeil, que l'on définit comme le rapport de la durée du sommeil au temps passé au lit, diminue. De plus, avec l'âge, on constate souvent une somnolence diurne qui oblige les personnes à faire une sieste, en particulier après le déjeuner. Ainsi le temps de sommeil réel sur vingt-quatre heures est peu modifié par l'âge.

Cette somnolence diurne peut être l'effet direct du vieillissement puisque d'autres rythmes, tels celui de la température, de la sécrétion de certaines hormones, sont modifiés avec l'âge. Mais la disparition de nombreux impératifs sociaux liés au travail modifie les conditions de vie, diminue l'importance des synchroniseurs et peut contribuer également à l'apparition de somnolence diurne. Aussi le rythme veille-sommeil du sujet âgé se transforme ; celui-ci se couche plus tôt, se lève plus tôt, a une somnolence diurne avec des siestes plus fréquentes et plus longues.

La structure du sommeil également se modifie ; le sommeil paradoxal tend à apparaître plus tôt dans la nuit et à avoir une répartition uniforme ; toutes les phases de sommeil paradoxal ont la même longueur, ne sont pas continues mais interrompues par de nombreux éveils. Le sommeil lent profond se modifie également mais de façon très variable ; il diminue dès la quarantaine chez certaines personnes alors que chez d'autres, il est encore présent à 80 ans. Cependant, en moyenne, on constate une baisse de la durée et de l'amplitude des ondes lentes du sommeil lent profond avec l'âge.

Ces modifications peuvent ne s'accompagner d'aucune plainte et sont constatées chez des personnes âgées en parfaite forme physique et intellectuelle.

Le sommeil des personnes âgées insomniaques

Il est bon de connaître l'évolution du sommeil avec l'âge, afin de ne pas espérer vainement son sommeil de vingt ans ! Cependant, ce qui gêne le plus les personnes âgées qui se disent insomniaques, ce sont les éveils nocturnes et la somnolence diurne.

Des études ont montré que, à âge égal, les personnes âgées se plaignant de leur sommeil ont un nombre d'éveils nocturnes supérieur à trois minutes plus important, ce qui fait un temps d'éveil au cours de la nuit plus grand. Ces éveils sont difficilement supportables si une pathologie s'y associe comme des douleurs rhumatismales ou des difficultés respiratoires. La difficulté à se rendormir au cours de la nuit favorise le développement d'angoisse nocturne.

L'autre symptôme mal supporté souvent chez les personnes âgées ayant des facultés intellectuelles toujours très vives est la somnolence diurne. Je me souviens d'une patiente ne pouvant plus jouer au bridge l'après-midi, non pas à cause de sa mémoire défaillante, mais de son incapacité à rester éveillée.

Que faire devant la plainte insomniaque du sujet âgé ?

Les nombreuses enquêtes effectuées chez des sujets âgés montrent l'importance de la plainte insomniaque qui augmente avec l'âge et qui est souvent plus importante chez la femme que chez l'homme. Il n'y a pas de correspondance stricte entre cette plainte et les modifications objectives du sommeil survenant avec l'âge, puisque ces dernières sont plus marquées chez l'homme qui se plaint cependant moins de la qualité de son sommeil.

Nous ne parlerons pas ici du problème général du traitement de l'insomnie mais de son adaptation au sujet âgé.

Il est certain que le passage activité-retraite, s'il est perçu par certaines personnes comme une délivrance, surtout si le travail et ses horaires étaient très contraignants, est pour beaucoup d'autres un moment difficile ; l'insomnie peut se révéler à cette période.

Le premier conseil à donner est de ne pas prendre le somnifère conseillé par l'ami ou le parent compatissant. En effet, la prise de somnifère chez une personne âgée n'est pas anodine. Elle peut augmenter la somnolence diurne dont se plaint le patient, augmenter certains troubles de mémoire existants, pouvant provoquer même un état de confusion. Les somnifères peuvent également être néfastes en cas d'insuffisance rénale ou hépatique et aggraver un syndrome d'apnées du sommeil existant.

Si l'insomnie est ancienne, peu de changements seront à apporter au traitement déjà instauré. Par contre, pour toute insomnie apparaissant avec l'âge, une consultation s'impose ; souvent le médecin aidera à trouver un nouveau rythme veille-sommeil, pourra améliorer la vigilance diurne et si un traitement médicamenteux s'impose, il devra être adapté à chaque cas.

En particulier, bien qu'il n'y ait pas de pathologie du sommeil spécifique du sujet âgé, il faudra rechercher une pathologie associée responsable de l'insomnie. De 16 à 33 % des personnes âgées se plaignant de leur sommeil présentent des mouvements anormaux des membres inférieurs (nous en reparlerons dans le chapitre « Autres types de mauvais sommeil »), qui ne sont souvent pas perçus par le patient ; ils peuvent être responsables d'éveils nocturnes répétés et devront être mis en évidence par un enregistrement.

La présence d'apnées pendant le sommeil augmente également avec l'âge. Le pourcentage de personnes de plus de 60 ans présentant des apnées nocturnes est variable suivant les études (de 22 à 61 %). Leur présence, leur importance et les conséquences qu'elles entraînent devront être appréciées par un enregistrement polygraphique.

Enfin, tout comme chez l'adulte jeune, la plainte insomniaque du sujet âgé peut cacher une dépression, comme c'est souvent le cas lors de la disparition du conjoint.

L'information du patient est primordiale. Lors d'une étude portant sur les sujets âgés ayant une plainte de sommeil fragmenté, une amélioration a été obtenue par un traitement comportant :

— une diminution du temps passé au lit ;

— une information du patient portant sur le sommeil, ses modifications avec l'âge et l'influence des rythmes circadiens ;

— des instructions concernant l'hygiène du sommeil et les conditionnements qui s'ensuivent.

Ces instructions étaient précises :

— n'aller au lit que s'il y a somnolence ;

— ne pas dépasser le temps de lit fixé ;

— n'utiliser le lit que pour dormir ;

— quitter la chambre s'il y a un éveil nocturne de plus de vingt minutes et ne retourner au lit que si la somnolence survient ;

— ne faire, si nécessaire, qu'une sieste inférieure à une heure.

L'observance de ce programme a permis de diminuer considérablement la durée des éveils intrasommeil qui aboutissent à une fragmentation du sommeil et sont responsables du sentiment de mauvaise nuit le matin.

8 Troubles du sommeil et dépression

Les relations entre sommeil et dépression sont évidentes : les troubles du sommeil sont courants dans la symptomatologie dépressive et peuvent être primordiaux au point d'en masquer le diagnostic.

Quelle est la plainte de mauvais sommeil du déprimé ?

L'insomnie dépressive est le symptôme le plus souvent rencontré dans la dépression, dans plus de 95 % des cas dans les différentes études. Cette plainte est complexe puisqu'elle associe :

— une difficulté d'endormissement ;

— une discontinuité du sommeil avec des éveils nocturnes fréquents ;

— un réveil matinal précoce avec angoisse ;

— de plus, le sommeil est jugé par le patient comme superficiel, inefficace et épuisant.

Cette dysomnie s'accompagne d'une baisse de la vigilance durant la journée avec une sensation de fatigue, l'impression d'avoir sommeil et un effet non récupérateur lors de courts assoupissements. Généralement, le temps de sommeil total est peu diminué. Cette insomnie tend à s'accentuer avec la gravité de la dépression et peut persister après la rémission des autres symptômes. Elle persiste comme une activité résiduelle et comme le signe d'une prédisposition constitutionnelle aux épisodes dépressifs.

Cette insomnie est d'une grande valeur diagnostique car elle peut être soit le précurseur d'une dépression chez des sujets jusque-là indemnes, soit le tout premier symptôme d'une rechute.

Il existe cependant chez certains déprimés une plainte inverse d'hypersomnie que l'on rencontre surtout chez le sujet jeune et dans les formes bipolaires, c'est-à-dire, celles où l'on constate une alternance d'épisodes dépressifs et maniaques. Cette hypersomnie est souvent associée à un ralentissement psychomoteur et à une perte d'énergie.

Quelles sont les particularités du sommeil du déprimé ?

Ces modifications sont étudiées grâce à des enregistrements polygraphiques.

On trouve une désorganisation de l'architecture du sommeil,

avec une diminution de l'efficacité du sommeil et une fragmentation des stades de sommeil par de nombreux éveils intrasommeil en rapport avec la plainte clinique. On constate une baisse du sommeil lent profond mais un caractère essentiel est la modification du sommeil paradoxal.

Il existe :

— une modification de la répartition du sommeil paradoxal au cours de la nuit ; en effet chez le déprimé, le sommeil paradoxal prédomine dans la première partie de nuit, alors que chez le sujet normal, la durée des épisodes de sommeil paradoxal augmente progressivement au cours de la nuit ;

— une baisse de la latence du sommeil paradoxal qui apparaît beaucoup plus précocement après l'endormissement ;

— une augmentation de fréquence des mouvements oculaires rapides pendant le sommeil paradoxal et au cours de la première période de sommeil paradoxal.

La diminution de la latence du sommeil paradoxal n'est pas spécifique de la dépression puisqu'on l'observe dans d'autres pathologies, mais étant donné qu'elle est retrouvée avec une fréquence importante chez le déprimé, certains auteurs en ont fait un marqueur biologique de la dépression.

Est-il utile d'enregistrer le sommeil du déprimé ?

Les modifications du sommeil observées chez le sujet déprimé sont certaines mais doivent être utilisées dans un contexte clinique.

Un homme de 30 ans se présente à la consultation disant avoir un trouble du sommeil paradoxal et donc être déprimé. Étonnée, je lui demande de me donner ses sources d'information. Il avait eu un enregistrement polysomnographique, lequel avait montré la survenue de sommeil paradoxal précocement dans la nuit !

À l'interrogatoire, il apparaît que ce monsieur a des horaires de travail décalés puisqu'il débute sa journée de travail à 5 heures du matin pour la terminer vers 16 heures. Il a donc des horaires de sommeil particuliers avec un endormissement vers 21 heures. Il n'est donc pas étonnant d'observer une phase de sommeil paradoxal vers 22 heures 30, même si le jour de l'examen l'enregistrement a commencé plus tard. Un enregistrement ne doit pas être interprété isolément ; il faut connaître les habitudes de vie du patient et n'interpréter une donnée biologique qu'en rapport avec le contexte clinique et la plainte du patient.

En l'occurrence, le patient dont j'évoque l'histoire n'était pas du tout déprimé mais avait habituellement, outre des heures de sommeil particulières, des nuits très agitées à cause de la présence de deux enfants turbulents.

La polygraphie peut être une aide dans les cas cliniques non évidents et surtout dans les dépressions masquées par une plainte somatique dont l'insomnie est la plus fréquente.

Les troubles du sommeil sont différents suivant le type de la dépression ; une dépression, non déclenchée par une cause externe que l'on appelle dépression endogène, se caractérise essentiellement par un réveil précoce, angoissé, suivi d'un démarrage difficile, l'ensemble de la symptomatologie s'estompant en fin de journée. À l'inverse, une dépression réactionnelle présentera plutôt une difficulté d'endormissement et une accentuation en fin de journée des troubles.

La modification de la latence d'apparition du sommeil paradoxal se retrouve dans les deux formes de dépression.

Un type de dépression particulier, plus souvent rencontré chez les femmes, est la dépression saisonnière. Il s'agit de sujets qui l'été ont une humeur et une activité normales. À l'approche de l'hiver, se développe une humeur dépressive associée à une hypersomnie, une augmentation de l'appétit avec consommation excessive d'hydrates de carbone aboutissant à une prise de poids. Une fatigue et une somnolence diurnes sont constatées avec une baisse de la libido.

L'enregistrement polygraphique du sommeil pendant l'hiver montre une durée du sommeil nocturne plus importante mais avec augmentation de la latence d'endormissement et une diminution importante du sommeil lent profond. Donc on constate un sommeil de longue durée mais de mauvaise qualité. Le sommeil paradoxal est augmenté en quantité sans les modifications rencontrées dans les autres dépressions. Il est important de diagnostiquer ce type de variations saisonnières de l'humeur qui réagit bien à l'exposition à la lumière artificielle de forte intensité (au moins 2 500 lux), le matin. Ceci tendrait à prouver qu'il existe chez ces patients une altération des rythmes circadiens, avec un retard de phase, qui serait corrigé par l'exposition à la lumière matinale.

Quelles valeurs accorder à ces anomalies ?

Les enregistrements polygraphiques ont permis l'étude du sommeil au cours de différents traitements antidépresseurs. Ceux-ci provoquent généralement une baisse du pourcentage de sommeil paradoxal avec augmentation de sa latence d'apparition et une diminution de l'activité oculomotrice. Les modifications du sommeil sous traitement, en particulier sous Laroxyl®, à savoir l'augmentation de la latence d'apparition du sommeil paradoxal lors des premières nuits de traitement, semblent pouvoir prédire une réponse clinique favorable au traitement.

Cependant, la persistance d'une latence d'apparition du sommeil paradoxal courte, après guérison sous antidépresseurs, serait le témoin d'une certaine vulnérabilité et le signe de rechutes possibles.

Un enregistrement du sommeil peut donc être demandé chez un patient déprimé si les troubles du sommeil sont importants, si la réponse aux antidépresseurs n'est pas satisfaisante ou si certains troubles biologiques sont recherchés.

De plus, l'observation du sommeil chez les parents d'un déprimé permet d'étudier les aspects familiaux et génétiques de la dépression.

Le sommeil peut-il jouer un rôle thérapeutique au cours de la dépression ?

Les modifications des horaires ou de la quantité de sommeil peuvent avoir un effet thérapeutique sur la dépression en l'absence de toute médication. Il est paradoxal de priver de sommeil un déprimé qui souffre d'une insomnie sévère. Cependant, des améliorations de l'humeur sont obtenues par privation de sommeil.

Cette privation peut être totale, durant une nuit complète. Cet effet bénéfique de la privation de sommeil a été découvert dans les années 1960 ; l'amélioration du vécu dépressif et de l'inhibition psychomotrice est franche, survient immédiatement mais est passagère car la privation s'accompagne les nuits suivantes d'un rebond de sommeil lent profond et de sommeil paradoxal suivi d'une rechute rapide. Cependant, une réponse favorable à une privation totale de sommeil est un indice prédictif d'une réponse favorable à un traitement antidépresseur.

Cette privation de sommeil peut être partielle, lors de la première ou deuxième moitié de la nuit. Il apparaît qu'un réveil à deux heures du matin est plus efficace, apporte une amélioration de l'humeur, mais malheureusement transitoire.

Un autre procédé consiste à provoquer une avance de phase de sommeil en décalant les horaires du coucher et du lever de cinq à six heures. Le coucher est autorisé dès 18 heures et le lever est proposé à 2 heures, les repas et les activités sociales étant également décalés, la durée du traitement étant de dix jours. Cette pratique apporte une amélioration de l'humeur dès le premier jour, avec ensuite des effets variables d'un sujet à l'autre ; l'amélioration peut être soutenue par l'utilisation d'antidépresseurs.

L'effet antidépresseur de l'avance de phase relève d'une privation de sommeil paradoxal. Cette privation en sommeil paradoxal est un mécanisme commun aux différentes techniques antidépressives. En effet, le sommeil paradoxal est beaucoup plus abondant le matin et le décalage des horaires de sommeil aboutit à une baisse du pourcentage de sommeil paradoxal.

Enfin, il est intéressant de souligner que l'insomnie sévère, symptôme majeur de la dépression, est peut-être une tentative d'autoguérison.

Comment expliquer les relations entre sommeil et dépression ?

Un certain nombre d'hypothèses ont été proposées pour expliquer les relations entre sommeil et dépression. Aucune ne fait l'unanimité. Le passage de l'influx nerveux d'un neurone au suivant se fait au niveau d'un espace que l'on appelle synapse, grâce à une substance chimique sécrétée par le neurone. Ces substances intervenant dans le fonctionnement du système nerveux central s'appellent des neurotransmetteurs.

La première hypothèse explicative des rapports entre sommeil et dépression serait l'existence d'un déséquilibre entre les différentes substances chimiques intervenant dans le fonctionnement du système nerveux central et une hyperactivité d'un de ces systèmes, le système cholinergique chez les déprimés ; ceci est particulièrement intéressant puisque l'on sait que les modulations des différentes phases de sommeil, en particulier du sommeil paradoxal (« Rapide Eye Movement Sleep ») sont régies par des cellules « REM-off » noradrénergiques et sérotoninergiques et des cellules « REM-on » cholinergiques. Ainsi, le raccourcissement de la latence du sommeil paradoxal et l'hyperactivité des mouvements oculaires pendant le sommeil paradoxal s'expliqueraient par une hyperactivité des systèmes cholinergiques par rapport au tonus du système noradrénergique. Un argument en faveur de cette théorie est que l'induction du sommeil paradoxal par des substances ayant un effet identique (agonistes) aux substances cholinergiques est plus rapide chez les déprimés que chez les sujets sains.

Une deuxième hypothèse est basée sur l'existence d'une altération des rythmes circadiens ; une avance de phase du rythme circadien du sommeil paradoxal serait responsable de l'apparition précoce du sommeil paradoxal au cours de la nuit chez le déprimé. De plus, si l'on étudie les variations de la température au cours des vingt-quatre heures, l'amplitude de ces variations circadiennes est moins importante chez le déprimé.

Enfin, une troisième hypothèse est basée sur un modèle complexe de régulation du sommeil incluant deux processus : un processus « S » sommeil qui dépend de l'accumulation du besoin en sommeil et augmente avec la durée de la veille, et un processus « C » circadien du sommeil qui est indépendant de la durée de la veille et du sommeil qui précède, il culmine à 4 heures du matin.

Chez le déprimé, il y aurait diminution de l'activité du processus S qui serait responsable de la discontinuité du sommeil observé et des anomalies du sommeil paradoxal qui serait désinhibé dès le début de la nuit. Un argument favorable à cette hypothèse est l'amélioration provoquée par une privation de sommeil qui stimulerait transitoirement le processus « S ».

Ce sont les études chronobiologiques combinant l'évaluation du sommeil et des fonctions neuro-endocriniennes sur de longues périodes qui permettront de faire évoluer nos connaissances quant à la nature des troubles spécifiques des états dépressifs.

9 Autres types de mauvais sommeil

Il existe des pathologies particulières qui peuvent provoquer des modifications du sommeil et aboutir à une plainte de mauvais sommeil.

SOMMEIL ET RONFLEMENT

Différents types de ronflements. Le syndrome d'apnées du sommeil

Le ronflement est un bruit qui a lieu le plus souvent lors de l'inspiration et qui est produit par la vibration des tissus mous du pharynx. C'est un phénomène largement répandu ; 42 % de la population générale ronfle et ce pourcentage augmente avec l'âge. À 60 ans, 60 % des hommes et 40 % des femmes ronflent. Le ronflement est favorisé par l'obésité.

Avant de considérer le sommeil du ronfleur, il faut parler de celui du conjoint, a fortiori s'il a un sommeil fragile. Les conséquences de la présence d'un ronflement sur la vie du couple peuvent être dramatiques.

De nombreuses questions se posent : existe-t-il plusieurs types de ronflements ? Est-ce une maladie ? Le ronflement modifie-t-il le sommeil et faut-il s'en préoccuper ?

Il existe un ronflement simple, continu, d'amplitude égale. Il s'agit d'un phénomène bruyant mais peu dangereux. Il est augmenté lorsque le dormeur est sur le dos et peut disparaître aux changements de position. Il est quasi habituel pour un homme de ronfler après 40 ans. Ce ronflement passe inaperçu pour le dormeur et son sommeil n'est pas perturbé.

La prédominance masculine du ronflement qui est évidente peut, peut-être, s'expliquer par des facteurs hormonaux ; on sait que la progestérone est un stimulant respiratoire et qu'elle peut augmenter le tonus des muscles qui stabilisent les voies aériennes supérieures. La progestérone sécrétée pendant une phase du cycle ovarien chez la femme pourrait expliquer le faible pourcentage de femmes présentant un syndrome d'apnées du sommeil, et son augmentation après la ménopause.

À l'inverse, il existe un ronflement sévère, avec un bruit de va-et-vient, d'intensité élevée, entrecoupé par des intervalles silencieux pouvant dépasser la minute. Ces silences correspondent à des arrêts respiratoires, des apnées, la reprise de la respiration est très bruyante. Ce ronflement est associé à une maladie que l'on appelle : syndrome d'apnées du sommeil qui a des conséquences cliniques diurnes et nocturnes.

En ce qui concerne le sommeil de ce type de ronfleur, il est très perturbé. Chaque fin d'apnée s'accompagne d'allègement du sommeil ou même d'un éveil bref. C'est lui qui permet la reprise respiratoire, mais qui provoque une fragmentation du sommeil ; dès l'endormissement, le patient fait une apnée, approfondit son sommeil jusqu'au stade 1-2, l'apnée provoque des modifications de la saturation du sang en oxygène et lorsqu'un seuil est atteint, le patient se réveille, reprend bruyamment sa respiration puis se rendort et le cycle recommence. Le sommeil est donc fragmenté régulièrement par des éveils brefs. Le sommeil lent profond est rarement atteint. En sommeil paradoxal, les apnées sont plus longues. La saturation du sang en oxygène est diminuée de façon plus importante. Le patient a cliniquement un sommeil agité, il se retourne souvent dans son lit ; il peut même avoir une activité motrice incontrôlée, s'asseoir dans son lit brutalement et retomber endormi. Il n'a pas conscience de ces éveils répétés, mais il peut se réveiller au milieu de la nuit et se plaindre d'insomnie.

Des substances, comme l'alcool ou certains hypnotiques, aggravent ces phénomènes.

Les manifestations diurnes rapportées par ses patients sont avant tout : une somnolence diurne qui peut aller du simple assoupissement après le repas à un endormissement dès que le patient n'est pas stimulé. Il peut apparaître des troubles cognitifs comme des difficultés d'attention, graves chez les conducteurs, des troubles de mémoire. Des troubles dans le domaine sexuel s'observent également avec une diminution de la libido ou même une impuissance.

Le syndrome d'apnées du sommeil provoque également des conséquences à long terme sur la fonction respiratoire. Une hypertension artérielle pulmonaire s'observe chez 20 % des patients présentant un syndrome d'apnées de sommeil. Celle-ci semble liée à l'hypoxémie (c'est-à-dire à la diminution de la saturation du sang en oxygène) pendant la veille.

Une hypertension est également souvent associée au syndrome d'apnées du sommeil : à âge, sexe et corpulence identiques, un syndrome d'apnées du sommeil est plus souvent observé chez les hypertendus que chez les non-hypertendus. Le risque d'infarctus du myocarde est beaucoup plus important chez les sujets ayant un indice d'apnées élevé.

On voit que le ronflement nous emmène très loin dans la pathologie ; mais s'agit-il du même phénomène ? Existe-il un continuum, comme certains le pensent ? L'hypothèse est loin d'être admise par tous, entre le ronfleur léger et l'apnéique grave. Autrement dit, le ronfleur va-t-il devenir un apnéique ? Rien n'est vraiment sûr. Le ronflement est un signe important. Il doit faire rechercher un syndrome d'apnées du sommeil, mais un ronfleur n'est pas plus apte à présenter un syndrome d'apnées du sommeil qu'une autre personne.

Que faire si l'on ronfle ?

Il faut consulter un médecin si un ronflement vous inquiète ou dérange votre partenaire. Le médecin verra si des examens complémentaires sont nécessaires. Il pourra prescrire suivant le cas, en première intention, des examens de dépistage qui permettront de savoir de quel type de ronflement il s'agit.

Il est évident que le patient présentant un syndrome d'apnées du sommeil doit être traité. Le premier traitement à envisager, si le patient est obèse, est l'amaigrissement.

Il existe un traitement efficace, non mutilant mais assez contraignant, qui est l'application d'un masque nasal pendant la nuit insufflant une pression d'air continu dans les voies aériennes et empêchant celles-ci de se collaber. Les apnées disparaissent et le patient retrouve un sommeil continu. La disparition de la somnolence diurne est spectaculaire. Malheureusement, le port du masque, s'il est efficace, ne guérit pas le patient chez qui les apnées reviennent dès que le masque n'est plus porté. Seule l'association d'un amaigrissement et d'une pression positive continue dans certains cas aboutit à une guérison.

L'autre traitement possible est chirurgical. Il consiste en l'ablation des tissus mous encombrant en excès les voies aériennes supérieures. L'efficacité de cette intervention, que l'on appelle uvulo-palato-pharyngoplastie, est fonction de l'indication et de la détermination du lieu du site obstructif.

Faut-il opérer les ronfleurs non apnéiques ? La question ne peut être tranchée, tout dépend de la répercussion psychologique du ronflement sur le conjoint, la famille et même parfois le voisinage.

DYSOMNIE NOCTURNE ET SOMNOLENCE DIURNE : LA NARCOLEPSIE

Les symptômes de la narcolepsie

Certains patients se présentent à la consultation comme des insomniaques ; leur plainte est essentiellement celle d'un mauvais sommeil agité, avec de nombreux éveils nocturnes, bien qu'il n'y ait aucune difficulté d'endormissement. Un interrogatoire plus poussé permettra de constater que ces troubles de sommeil nocturne, appelés dysomnie, s'accompagnent de nombreux autres signes, dans la journée et que cette plainte de mauvais sommeil et en fait un signe d'hypersomnie (figure 4).

Il s'agit de la narcolepsie ou maladie de Gélineau. Cette maladie est connue depuis la description qu'en a faite Gélineau en 1800, mais c'est grâce à l'enregistrement polygraphique, vers 1964, que la maladie a été bien individualisée. Suivant les études épidémiologiques, la fréquence globale des cas varie de 0,05 à 0,067 % de la population.

Les symptômes cliniques de cette maladie sont souvent impressionnants et déroutants. Le signe le plus fréquent correspond à des accès de sommeil diurnes qui sont typiques, brutaux et irrépressibles, de courte durée, sans horaires précis et qui surviennent quand le patient se trouve dans une situation monotone. Ces endormissements surviennent devant la télévision, dès que le patient prend un livre, il se plaint de ne pas pouvoir lire plus de dix lignes. La conduite automobile est particulièrement favorable à ces endormissements et un accident de voiture est souvent la raison qui pousse le patient à consulter. Ces accès se

M. M.C. AGENDA DE SOMMEIL Déroulement de 24 heures.

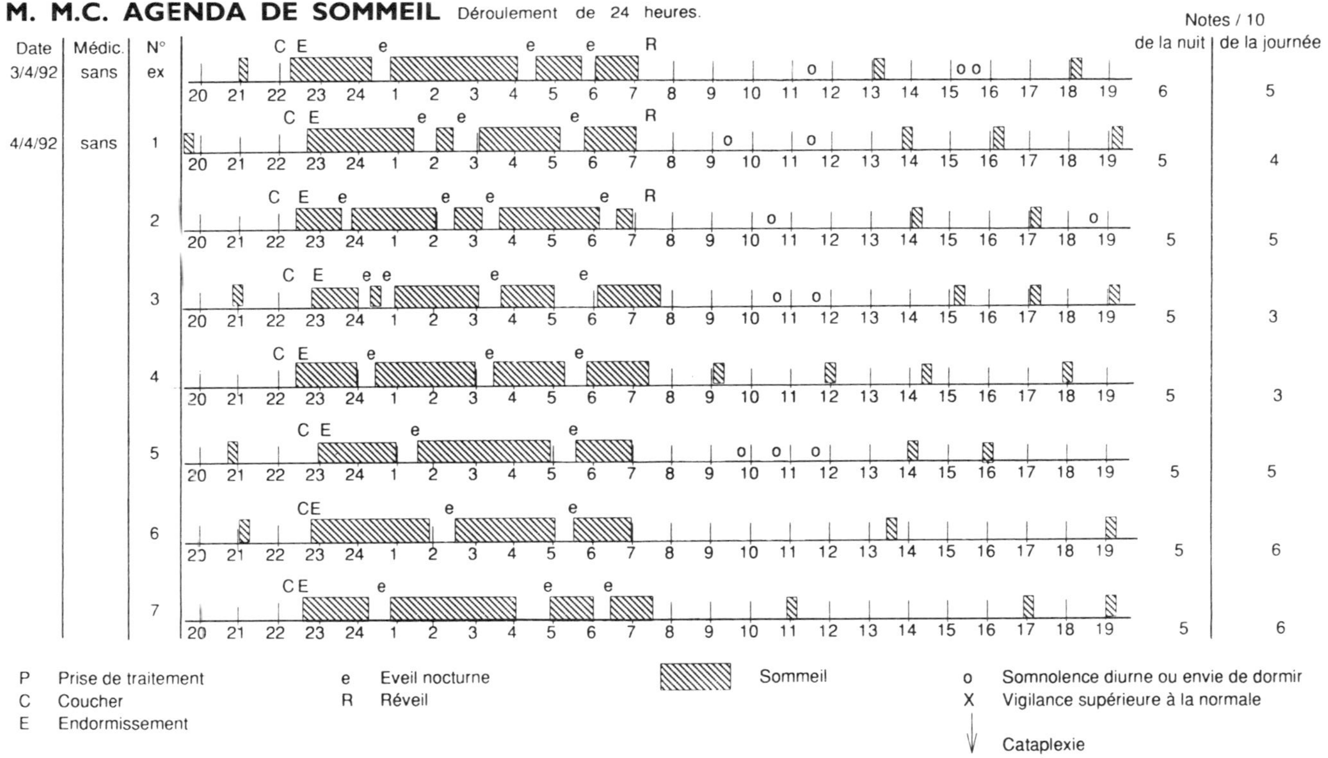

Figure 4 Agenda de sommeil.
Il s'agit d'un agenda tenu par une personne se plaignant d'un mauvais sommeil et venant donc consulter pour insomnie. Sur l'agenda, on note des endormissements nocturnes rapides mais de nombreux éveils nocturnes. De plus, pendant la journée, on constate des épisodes de somnolence et de sommeil brefs. Nous avons donc effectué un enregistrement polygraphique de trente-six heures qui a permis de diagnostiquer une narcolepsie avec des endormissements typiques en sommeil paradoxal aussi bien la nuit que le jour.

Un traitement spécifique de la narcolepsie a été prescrit. Les somnolences diurnes ont disparu et les nuits se répètent plusieurs fois dans la journée et peuvent s'observer dans des circonstances inhabituelles : au cours d'un repas, lors d'une conversation. Des rêves souvent colorés, très nets sont décrits au réveil. Cependant certains patients évoquent plutôt une difficulté à se réveiller le matin ou une somnolence dans la journée dont la survenue n'est pas brutale mais qui oblige le patient à s'allonger.

En plus de ces endormissements, le patient peut avoir des chutes brutales du tonus musculaire que l'on appelle cataplexies. Le patient tombe par terre ou bien lâche les objets qu'il tient dans ses mains. Ces pertes de tonus sont déclenchées par les émotions, rires ou pleurs et de nombreuses histoires sont racontées par les narcoleptiques. Un chasseur épaule, vise le gibier et au moment de tirer, s'écroule ; un père de famille chute dès qu'il gronde son fils... Ces cataplexies peuvent être très invalidantes, du moins tant que le diagnostic n'est pas porté, car elles effraient le patient et son entourage.

La liste des symptômes est longue. Des hallucinations le plus souvent visuelles apparaissent au moment de l'endormissement ou au réveil. Le patient voit une araignée énorme grimper le long des murs de sa chambre, tel autre a la sensation d'une présence étrangère dans la chambre. Ces hallucinations ont plus souvent un caractère effrayant et le sujet a peur de se coucher.

Des paralysies surviennent également au moment de l'endormissement ou du réveil, le patient veut éteindre la lumière ou arrêter le sonnerie du réveil et s'aperçoit qu'il ne peut plus bouger les bras.

Des conduites automatiques peuvent survenir, le patient a des comportements bizarres dont il ne garde aucun souvenir. Une patiente, secrétaire, pendant ces accès, accumulait crayons et stylos dans son sac à main à la grande surprise de ses collègues.

Une diplopie paroxystique apparaît parfois, c'est-à-dire que le sujet voit double, ceci souvent avant les accès de cataplexie ou de sommeil.

La symptomatologie est riche et jusqu'à il y a une dizaine d'années, des diagnostics erronés étaient évoqués. Les troubles du comportement faisaient évoquer une épilepsie temporale ; l'impossibilité de se réveiller le matin, les endormissements perpétuels le jour chez un sujet jeune et en bonne santé constituaient un handicap social et professionnel évident. Il était souvent conseillé au sujet avant de le congédier de bien vouloir utiliser ses nuits pour dormir. Chez les enfants, un retard scolaire s'installe rapidement puisque les accès de sommeil empêchent le suivi des cours. Ceci est navrant car aucun trouble intellectuel n'existe chez ces patients.

Le diagnostic de narcolepsie doit dont être porté de façon précoce et, surtout si les symptômes sont atypiques, il nécessitera la réalisation d'examens complémentaires.

Comment s'assurer que le sujet a bien une narcolepsie ?

Seul un enregistrement polygraphique de nuit et de jour peut confirmer le diagnostic. En effet, cette maladie correspond à un trouble de l'apparition du sommeil paradoxal ; ce sommeil, qui normalement apparaît la nuit après une heure environ de sommeil lent, survient brutalement dès l'endormissement ou avec une latence très courte. De plus, dans la journée, il peut apparaître de façon dissociée, c'est-à-dire que les caractères du sommeil paradoxal ne sont pas tous présents ; par exemple, le patient peut rester éveillé mais présenter l'abolition tonique du sommeil paradoxal, d'où les chutes. L'hypnogramme de la nuit de sommeil a un aspect tout à fait caractéristique, outre un endormissement en sommeil paradoxal, on observe une dysomnie majeure avec de très nombreux éveils nocturnes. Il existe donc également chez les narcoleptiques une altération des rythmes circadiens avec épisodes de sommeil le jour et éveils nocturnes répetés.

Des tests d'endormissement pratiqués pendant la journée sont également très spécifiques, le narcoleptique s'endort, quelle que soit l'heure, dans les premières minutes qui suivent le début du test et fait souvent du sommeil paradoxal alors que l'on n'en voit jamais chez les sujets témoins lors de ces tests.

Un facteur génétique participe à la transmission de cette maladie. En effet, comme il existe des groupes sanguins, des groupes tissulaires ont été reconnus. Ces groupes, caractéristiques de chaque individu, sont transmis par des gènes portés par les chromosomes des cellules. La majorité des narcoleptiques ont le même groupe tissulaire (HLA : DR2-DQW1). Le groupage HLA est donc à rechercher quand la symptomatologie est atypique. Il existe des familles dont plusieurs membres présentent une narcolepsie. Cependant, une origine multifactorielle semble responsable du déclenchement de la maladie puisque chez des jumeaux monozygotes (c'est-à-dire provenant de la division du même œuf), un seul des deux individus peut présenter une narcolepsie. La maladie, pour apparaître, nécessite des facteurs génétiques mais également des facteurs d'environnement tels que le stress, un traumatisme crânien, une invasion microbienne. Le rôle de ces facteurs est actuellement en cours d'étude.

Traitement de la narcolepsie

Cette maladie ne peut être guérie mais ses symptômes sont accessibles à un traitement. Les endormissements sont améliorés par des siestes courtes qui rétablissent une vigilance correcte pour plusieurs heures. Les amphétamines ou leurs dérivés étaient utilisés jusqu'à ces dernières années pour améliorer la vigilance des patients présentant une maladie de Gélineau. Cependant, les amphétamines, si elles sont efficaces, entraînent d'importants effets secondaires, et la découverte d'une nouvelle molécule éveillante le Modiodal® a transformé la vie de nombreux malades. Les chutes peuvent être traitées par des antidépresseurs qui provoquent une diminution du sommeil paradoxal.

Cette maladie autrefois très invalidante est actuellement bien traitée et les patients peuvent mener une vie normale.

10 Inconvénients des somnifères

Il est dit et répété qu'il ne faut pas prendre de substance chimique pour dormir ; que si l'on dort avec une pilule miracle, il faut s'en séparer.

Qu'est-ce qu'un somnifère ?

Un somnifère on hypnotique est une substance capable d'induire et de maintenir le sommeil. L'hypnotique idéal serait une substance qui agirait sélectivement sur le sommeil, qui devrait induire rapidement un sommeil physiologique, ne pas se dégrader en substance active, être éliminée dans un délai correct, ne pas provoquer d'effets secondaires ou résiduels et enfin avoir une action stable sans accoutumance, ni dépendance !

Cette molécule hypnogène n'existant pas, quels sont les hypnotiques existant ?

• *Les barbituriques* ont été depuis de nombreuses années abandonnés dans le traitement de l'insomnie étant donné la faible marge existant entre la dose toxique et la dose thérapeutique, le risque de toxicomanie et l'existence d'interactions médicamenteuses.

• *Les benzodiazépines* ont été jusqu'à ces dernières années les molécules chimiques les plus utilisées. Prises le soir, elles ont un effet hypnotique ; prises le matin, elles sont anxiolytiques et la diminution de l'anxiété diurne, présente dans la plupart des insomnies, favorise le sommeil nocturne.

• Un effet anxiolytique et myorelaxant, c'est-à-dire de relâchement musculaire, pourra être obtenu avec des *substances antihistaminiques* : ainsi l'Atarax® facilite l'endormissement chez les personnes anxieuses et tendues.

• Ces dernières années sont apparues des nouvelles substances appartenant à des classes chimiques différentes ; ce sont les *cyclo-pyrolones* (Imovane®) et les *imidazopiridines* (Stilnox®) dont les inconvénients semblent moindres.

Qui prend des hypnotiques ?

Nous avons déjà signalé que 10 % de la population française prend des hypnotiques et que 6,17 % en fait un usage fréquent et chronique depuis plus de six mois. Si l'usage des hypnotiques augmente avec l'âge, ce comportement s'observe souvent chez les personnes seules, veuves, séparées ou divorcées et ayant atteint l'âge de la retraite. En effet, 63 % des femmes et 56 % des hommes prenant des hypnotiques sont à la retraite ou sans emploi. L'âge et l'isolation sociale sont des facteurs importants dans la genèse d'insomnie et la prise chronique d'hypnotiques. On touche ici le problème de la réinsertion sociale après la retraite. Les couples savent mieux profiter de ce temps libre, qu'ils n'ont le plus souvent jamais connu ; le problème est différent quand l'un des deux conjoints reste seul, veuf, sans enfant et sans occupation.

Il semble plus s'agir d'un phénomène social que d'un problème médical, et il serait possible de réduire la prise d'hypnotiques des personnes âgées en préparant la période postretraite, ce qui commence à se faire, lorsque l'on est encore en activité.

Comment agissent les somnifères ?

MODIFICATION DE LA STRUCTURE DU SOMMEIL

À court terme, les substances que l'on appelle hypnotiques sont efficaces, c'est-à-dire elles facilitent l'endormissement, diminuent le nombre et la durée des éveils nocturnes et augmentent le temps de sommeil total. Cependant, le sommeil qu'elles engendrent est différent du sommeil physiologique.

Le sommeil paradoxal est diminué par la plupart des benzodiazépines, et on constate un rebond du sommeil paradoxal à l'arrêt du traitement, ce qui explique la survenue de rêves ou de cauchemars signalée par de nombreux patients à l'arrêt du traitement. Le sommeil lent profond est diminué pendant toute la durée de l'administration de la plupart des benzodiazépines. Le gain de sommeil se fait donc le plus souvent par une augmentation du stade 2.

Il semble que les nouveaux hypnotiques, non benzodiazépiniques, tels que Stilnox® et Imovane®, ne présenteraient pas ces inconvénients et ne changeraient pas la structure du sommeil.

PHÉNOMÈNE D'ACCOUTUMANCE

L'effet bénéfique constaté la première nuit s'estompe doucement et disparaît après deux à quatre semaines, suivant les molécules et leur durée de vie (on appelle demi-vie d'une molécule, le temps nécessaire pour que le taux sanguin maximal diminue de 50 %). Pour un hypnotique à demi-vie courte, la durée de la demi-vie est de quelques heures. Pour un hypnotique à demi-vie longue, elle peut atteindre plusieurs jours. Les benzodiazépines à demi-vie courte ont une accoutumance plus rapide, dès le quinzième jour, alors même que l'efficacité subjective de la molécule appréciée par le patient demeure correcte.

Cette perte de l'efficacité doit être connue du patient, afin d'éviter que de lui-même il n'augmente les doses.

PRÉSENCE D'EFFETS RÉSIDUELS LE MATIN

Les hypnotiques ont un effet sédatif et celui-ci peut se poursuivre le lendemain avec une somnolence diurne résiduelle et une baisse des performances. Ces effets varient avec le type d'hypnotiques mais surtout selon la dose. Une étude, effectuée aux Pays-Bas, sur une benzodiazépine à élimination rapide (Havlane®) mais prise à dose élevée (2 mg) a montré que le lendemain matin la conduite automobile était considérée comme dangereuse.

Les effets résiduels des hypnotiques sur la vigilance constituent un problème important dans les conditions actuelles de la vie moderne et toute diminution de celle-ci est un danger dans un grand nombre de professions. De plus, l'estimation subjective de la vigilance par le patient ne correspond pas au niveau objectif des performances. Des détériorations importantes de performances peuvent ne pas être ressenties par le patient qui pense avoir retrouvé un niveau correct de vigilance, ce qui peut être catastrophique en particulier dans les tâches monotones telles que la conduite automobile. Cette sous-estimation semble s'expliquer par l'amélioration du sommeil nocturne et également par la diminution de l'anxiété induite par la prise d'hypnotiques.

Cependant ces effets résiduels ne semblent pas se produire avec les nouvelles molécules non benzodiazépines.

Des études comparatives ont été faites pour tester « en aveugle » les effets résiduels des imidazopyridines (Stilnox®) et de certaines benzodiazépines (Rohypnol®, Halcion® ou Mogadon®) en comparaison avec l'administration de placebo.

En ce qui concerne des tâches simples comme le temps de réaction, aucune différence n'est observée après la prise de placebo, de Stilnox® ou d'Halcion® ; cependant, neuf à onze heures après la prise de Rohypnol® on observe une importante diminution des performances, même les plus simples.

Si l'on envisage une tâche complexe, telle que des épreuves de conduite simulées effectuées au réveil après une prise vespérale, les scores sont identiques après une prise de placebo ou de Stilnox® mais sont beaucoup plus bas, avec un nombre d'erreurs élevé après une prise d'Halcion®.

Si l'on compare la vigilance diurne, mesurée par un test objectif de latences multiples d'endormissement, après une prise de Mogadon® le soir, la vigilance pendant la journée suivante est diminuée, avec des latences aux tests d'endormissement beaucoup plus courtes par rapport à celles observées après prise de placebo. Il n'y a pas de différence significative entre les latences d'endormissement aux tests après prise de placebo ou de Stilnox®.

Si les troubles du sommeil nécessitent parfois la prise d'un médicament, celui-ci devra non seulement améliorer le sommeil mais assurer une qualité de vie correcte le lendemain matin.

AGGRAVATION DE L'ANXIÉTÉ

Certaines benzodiazépines à durée de vie courte (telle l'Halcion®) provoquent le lendemain de la prise un rebond d'anxiété pouvant aller jusqu'à un sentiment de panique avec crise de larmes. Ces effets sont d'autant plus importants que les patients sont très anxieux au moment de la prise, mais chez les insomniaques légers peu anxieux au départ, une détérioration de l'humeur sous forme de dépression, de fatigue, a été constatée le matin après une prise vespérale. Or on connaît le rôle déterminant joué par l'anxiété dans la genèse de l'insomnie, l'hypnotique n'est peut être pas le traitement idéal de l'insomniaque chronique.

DANGER D'UN SEVRAGE BRUTAL

L'arrêt brutal d'un hypnotique et surtout des benzodiazépines provoque un rebond d'insomnie. Pour les molécules à élimination courte ou intermédiaire, cette insomnie survient entre le premier et le troisième jour. Le malade s'endort difficilement et se réveille souvent dans la nuit. Pour les substances à élimination longue, ce rebond d'insomnie apparaît beaucoup plus tardivement parfois après deux semaines et le patient ne fait plus le lien avec l'arrêt du médicament.

Cette insomnie rebond est mal supportée par le patient qui voit revenir son insomnie initiale, laquelle est parfois même aggravée ; il s'ensuit un retour au traitement hypnotique.

Les nouvelles molécules (Imovane® et Stilnox®) ne semblent pas présenter de rebond d'insomnie à l'arrêt du traitement bien que ce soient des molécules à élimination rapide. Ce rebond d'insomnie à l'arrêt du traitement est responsable des insomnies du petit matin que l'on constate avec l'utilisation prolongée de benzodiazépines à demi-vie courte. Cet effet rebond à l'arrêt du traitement semble augmenter avec la dose. Or, lors d'un éveil précoce, le patient a le mauvais réflexe d'augmenter la dose d'hypnotique qu'il a prise le soir en espérant un effet bénéfique et n'obtient qu'une aggravation de son insomnie du matin.

Le sevrage brutal d'une benzodiazépine, outre le retour de l'insomnie initiale, peut provoquer des troubles psychiques tels qu'agitation, difficulté de concentration et état dépressif. Sur le plan physique, on peut observer des tremblements, des céphalées, des sueurs, des palpitations, des nausées, un syndrome pseudo-grippal ; une hyperexcitabilité neuro-sensorielle, avec contractions musculaires, courbatures, intolérance à la lumière vive, aux odeurs, apparition d'un goût métallique dans la bouche, peut apparaître.

BENZODIAZÉPINES, TROUBLES DE MÉMOIRE ET DU COMPORTEMENT

Ceux-ci ont été largement rapportés dans la presse. Certaines benzodiazépines, en particulier l'Halcion® et le Témesta®, peuvent provoquer des troubles mnésiques et des manifestations bizarres. Le patient peut avoir un « trou » de quelques heures où il ne se rappelle de rien ; s'il était en voyage, le voyageur peut se retrouver dans une direction non adaptée au but du voyage, avoir eu des comportements agressifs, avoir perdu ses bagages...

Il est important de connaître tous les inconvénients des traitements hypnotiques afin de diminuer leur consommation et surtout de proscrire toute autoprescription. Cependant, les hypnotiques peuvent être utiles dans des circonstances bien définies, qui seront envisagées dans le chapitre du traitement de l'insomnie.

II

Traitement de l'insomnie

LA CONSULTATION EN MILIEU SPÉCIALISÉ

Il est certain qu'il ne faut pas laisser s'installer une insomnie. Ce symptôme est lourd de sens, nécessite souvent l'aide d'un médecin spécialiste et ne peut se résumer à une demande de médicaments, en fin de consultation, à son médecin généraliste qu'on est venu voir pour une tout autre raison et même parfois pour une autre personne.

Une première consultation est longue et difficile. Il faut d'abord que s'établisse entre vous et votre médecin un climat de confiance réciproque. Le bilan d'une insomnie peut aller très loin dans l'étude de votre personnalité, il nécessitera un travail long, parfois difficile que vous devrez accepter. Il faut souvent remonter à l'enfance et reconstituer toute l'histoire de l'insomnie. Ne soyez pas étonné que votre médecin procède à un interrogatoire long, minutieux, quasi policier ; j'ai le souvenir d'une patiente qui vint pour un enregistrement polygraphique du sommeil car disait-elle « Je m'arrête de respirer la nuit, donc je ne peux pas dormir. » Il s'avéra, au cours de l'entretien, très difficile, qu'elle avait fait quatre ans de relaxation et douze de psychanalyse ! Dans ce cas, l'enregistrement n'est certainement pas le premier geste à faire. Le sommeil dans l'enfance était-il déjà perturbé et comment ? Y a-t-il eu dans votre vie une période où le sommeil était quelque chose d'évident, c'est-à-dire ne posant pas de problème ? La recherche d'une telle période permettra d'établir les caractéristiques propres du sommeil. L'ancienneté des troubles sera à rechercher, de même que les circonstances concomitantes à l'inauguration du trouble et dont l'association avec l'apparition de l'insomnie n'est souvent pas évidente.

Quels ont été les premiers signes et comment ont-ils évolué ? Une insomnie d'endormissement n'a pas la même signification qu'un réveil précoce ou que des éveils répétés au cours de la nuit.

Enfin si une relation duelle est nécessaire pour rechercher les causes profondes du symptôme insomniaque, l'interrogatoire de votre conjoint ou de votre entourage peut être utile pour éliminer une cause organique au mauvais sommeil : ronflements, arrêts respiratoires, mouvements incessants des jambes sont des manifestations qui souvent ne sont pas perçues par le patient.

Le plus souvent il n'est pas nécessaire de faire un enregistrement au laboratoire, celui-ci sera demandé dans certains cas particuliers qui seront révélés lors de la première consultation.

Un insomniaque sera vu de façon suivie. Vous souffrez d'insomnie, il est important que vous soyez suivi régulièrement soit par votre médecin, soit pas un spécialiste du sommeil. Il étudiera votre sommeil par la constitution d'un agenda. Il s'agit d'une grille sur laquelle vous indiquerez le déroulement de la nuit, les heures du coucher et d'endormissement, les réveils nocturnes et l'heure du réveil définitif, les événements marquants de la journée et les somnolences éventuelles seront également notés. Si certains sujets insomniaques montrent une réticence à effectuer ce pensum, la plupart le font facilement et sont étonnés de la quantité d'informations que l'on peut en tirer.

L'ensemble des données recueillies lors de ces investigations permet d'orienter les choix thérapeutiques de votre médecin.

INSOMNIE : CAUSES MULTIPLES, TRAITEMENTS ADAPTÉS

Le bilan d'une insomnie a montré que ce symptôme a des significations multiples. Si une cause est trouvée, telle que présence d'apnées, syndrome des jambes sans repos, dépression, il est évident que c'est la cause qu'il faudra traiter. Si l'insomnie est liée à des conditions d'environnement, telles que décalages horaires, altitude, bruits, il faudra s'attaquer à réduire au maximum les perturbations incriminées.

L'insomnie peut être liée à une prise de médicament ou d'alcool. En effet, certaines substances comme les amphétamines, le café, le thé, les coupe-faim peuvent provoquer des insomnies importantes, la réduction de ces prises est assez facile. Certains médicaments dont la prescription est utile peuvent avoir un effet stimulant sur le système nerveux. C'est le cas des extraits thyroïdiens, de certains médicaments antihypertenseurs ou traitant l'insuffisance cardiaque, des corticoïdes, qui sont des hormones sécrétées normalement par les glandes surrénales mais qui peuvent être prescrites dans certaines maladies chroniques comme l'asthme, le lupus, la polyarthrite. Généralement les troubles du sommeil apparaissent en début de traitement mais s'estompent spontanément.

L'alcool est souvent utilisé par les insomniaques pour s'endormir. À faible dose, il procure une sensation de bien-être et peut avoir un rôle de relaxation. Cependant l'alcool modifie la structure du sommeil, diminue le sommeil lent profond et provoque un sommeil agité et court si bien que le patient, le matin, semble avoir eu une nuit non récupératrice.

Comment traiter l'insomnie transitoire ?

Le plus souvent, ces insomnies apparues brutalement sont associées à une cause identifiable : la perte d'un être cher, une séparation, un licenciement. Il n'est pas toujours possible, même si la cause est connue, de résoudre le problème. Un travail de deuil pourra être entrepris lors d'une déception sentimentale. Il faudra relativiser l'importance des ennuis financiers, ce qui n'est pas toujours facile. Mais l'aide d'un spécialiste est conseillée, il apportera une écoute professionnelle et pourra, si les causes ne sont pas résolutives spontanément, éviter la chronicisation de cette insomnie transitoire. C'est un cas où la prescription correcte d'un hypnotique adéquat peut être efficace à condition qu'elle soit établie par un médecin, pour un temps très court et qu'elle ait pour but de surmonter une situation difficile.

Un conseil important : **éviter toute automédication, ne pas prendre le même comprimé qu'absorbe votre mère depuis dix ans !**

Il est impossible de donner une recette en disant : il faut prendre cet hypnotique ; par contre il ne faut pas hésiter à consulter quelqu'un de compétent dès que votre rythme veille-sommeil se trouve perturbé.

Comment traiter une insomnie chronique ?

Le bilan d'une telle insomnie étant effectué, que faut-il faire pour améliorer le sommeil.

Vous avez souvent tendance à rendre votre mauvais sommeil responsable de tous vos maux : fatigue diurne, irritabilité, troubles de mémoire, céphalées. Si ces affirmations sont en partie vraies, l'inverse l'est aussi, c'est-à-dire que des mauvaises conditions de vie, des soucis, des journées pénibles sont aussi responsables d'un mauvais sommeil. C'est donc un véritable cercle vicieux qu'il faut briser. Dans ces cas, la prise de somnifères n'est pas la meilleure solution. Si elle apporte, il est vrai, une amélioration, celle-ci est passagère, provoque l'augmentation de la dose avec l'apparition de l'inefficacité et l'apparition d'effets secondaires qui augmenteront le mal-être diurne. Il est possible de prendre un somnifère, choisi de façon adéquate, c'est-à-dire qui ne sera donné qu'à la suite d'une consultation, d'une manière discontinue, la veille d'un cours important ou d'une conférence par exemple. Cette prise discontinue évitera de développer une anxiété trop grande, permettra d'assurer, après une bonne nuit, l'activité diurne et n'aboutira pas à l'escalade thérapeutique.

Enfin, si j'insiste pour que l'insomnie soit prise en compte dès son apparition, c'est également qu'elle peut être le premier symptôme d'une dépression que le médecin devra démasquer et traiter.

Traitement non pharmacologique de l'insomnie

Il existe des thérapies non pharmacologiques de l'insomnie.

Certaines techniques utilisent l'enregistrement de l'activité musculaire ou de l'activité EEG pour contrôler, en retour, l'état de vigilance du sujet. Le patient voit, par exemple, l'enregistrement de l'activité d'un de ses muscles et se détend de façon à diminuer l'importance du tracé. Ces techniques sont efficaces mais peu pratiques.

Les méthodes de relaxation le sont davantage et sont très efficaces pour traiter l'insomnie chronique. Il existe plusieurs techniques toutes aussi valables, le choix dépend de la personnalité du patient, de la formation du thérapeute et de la nature du problème à traiter. Ces techniques sont basées sur l'utilisation du corps. L'utilisation la plus simple et la plus directe est la pratique d'un sport. Mais il existe un effet plus spécifique des exercices musculaires, une sorte d'activité interne, qui vise à faire retrouver un plaisir du corps. La tension anxieuse est traitée comme une tension musculaire. Le but de ces thérapeutiques est de restituer au corps un rôle actif dans la résolution de l'angoisse. En pratique le sujet est allongé dans une position de détente ; il doit percevoir des sensations de pesanteur et de chaleur émanant d'une partie du corps. On recherche dans un premier temps le relâchement des muscles volontaires puis, dans un deuxième temps, la respiration sera utilisée. Le rapport avec le thérapeute et la confiance que vous lui concédez sont essentiels, des entretiens psychologiques pourront être associés aux techniques purement corporelles.

Dans les cas où l'angoisse est trop grande et devenue insupportable pour le patient, une psychothérapie peut être envisagée. Elle pourra vous permettre de trouver les causes profondes de l'insomnie. Cependant c'est un travail long, souvent pénible, qui demande évidemment une adhésion complète.

CONSEILS POUR PRÉPARER SES NUITS

Préparer ses nuits consiste avant tout à organiser ses journées.

Utiliser son corps dans les activités journalières

L'activité professionnelle, pour un pourcentage important de la population urbaine, est sédentaire. Il est donc nécessaire dans une journée de travail d'aménager des moments de détente et de prévoir dans la semaine une activité physique ; cette activité peut être variée : marche, jogging, natation, etc. Mais elle doit être ludique et correspondre aux désirs du sujet. Par exemple il ne faut pas imposer la natation à une femme qui a peur de l'eau et qui ne veut pas mouiller ses cheveux. Scientifiquement il est prouvé que, outre la détente que procure l'exercice physique, celui-ci augmente le sommeil lent profond. Cependant, un match de tennis à 22 heures, avant d'aller au lit, peut provoquer un hyperéveil au moment où le patient ira se coucher. Il n'y a pas de recettes miracles, chacun doit trouver l'activité physique qui lui convient et le moment de la journée ou de la semaine le plus adéquat pour la pratiquer.

Avoir une hygiène alimentaire correcte

Les boissons contenant de la caféine (thé, café, coca-cola), l'abus de tabac, la vitamine C (certains fruits, comme le kiwi, en contiennent une importante quantité) stimulent le sytème nerveux, et donc ces substances devront être évitées à partir d'une certaine heure de l'après-midi chez les insomniaques. Un verre d'alcool peut, par son effet euphorisant, faciliter l'endormissement mais nous avons vu qu'à forte dose l'alcool perturbe le sommeil.

Des repas trop copieux le soir, suivis d'une digestion difficile, ne sont pas conseillés. Par contre, une alimentation équilibrée est souhaitable : un déjeuner assez copieux le matin, un arrêt vers la mi-journée apporteront à la fois détente et apport calorique. Le soir, le repas est un moment important et privilégié car le plus souvent, la famille est réunie, la communication est possible.

Respecter les horaires de coucher et de lever

Sans en faire une obsession, et avec une grande variabilité pour les périodes de vacances, il est nécessaire dans la vie quotidienne de respecter un horaire circadien. Se mettre au lit à n'importe quelle heure ne facilite pas le sommeil. À l'inverse, créer une obsession avec une peur de dépasser l'heure du coucher n'est pas plus favorable. Si le bon dormeur peut prendre quelques libertés quant à ses heures de coucher, le mauvais dormeur devra respecter des heures fixes de coucher et de lever. Il est inutile de se coucher à 8 heures du soir pour essayer de récupérer. Le lit doit être considéré comme un lieu pour dormir et non pour se reposer.

Créer des conditions favorables au sommeil

Il est préférable de consacrer les heures qui précédent l'endormissement à la détente et au loisir afin de ne pas se mettre au lit dans des conditions d'hyperéveil.

L'aménagement du lieu de sommeil est primordial. La pièce doit être tranquille, obscurcie, bien aérée, pas trop chauffée. Un lit large facilitera la détente et les mouvements, dormir à deux dans un lit d'une personne n'est agréable que peu de temps !

Que faire lors des éveils nocturnes ?

Si l'éveil est suffisamment tranché, l'esprit éveillé, il est inutile de s'obliger à rester au lit. Une interdiction formelle est la prise d'un comprimé au milieu de la nuit. Il aura un effet placebo certain puisque l'insomniaque se rendort généralement dès la prise, mais il aura également des effets désastreux sur la forme et la vigilance dans la journée suivante. En revanche, se lever, faire chauffer du lait ou confectionner une tisane sera aussi efficace et beaucoup moins dangereux, il faudra cependant éviter de boire abondamment la nuit, ce qui aura pour effet de provoquer un nouveau réveil afin de vider la vessie.

Effectuer un sevrage progressif

Il est des patients qui, malgré tout ce qui est écrit ou enseigné prennent des benzodiazépines depuis de nombreuses années. Ces patients, étant donné le phénomène d'accoutumance qui se développe lors de l'insomnie chronique, ont été souvent amenés à augmenter les doses. Ils ont parfois fait un essai de sevrage catastrophique durant une à deux nuits avec réapparition d'une insomnie.

Il est très difficile de réaliser le sevrage d'un traitement hypnotique chronique sans aide. Le sevrage devra être très progressif, surveillé par un agenda de sommeil, et un traitement par myorelaxant pourra être temporairement installé. De plus, une psychothérapie de soutien pourra être utile, de même que le recours aux thérapeutiques corporelles, le désir de sevrage du patient étant évidemment primordial.

Achevé d'imprimer par Corlet, Imprimeur, S.A.
14110 Condé-sur-Noireau (France)
N° d'Éditeur : 10043
N° d'Imprimeur : 8342
Dépôt légal : mai 1993

Imprimé en C.E.E.